KB172826

포텐의
정보보안 카페

포텐의 정보보안 카페

—— 모든 사람을 위한 쉽고 톡톡 튀는 정보보안 콘서트 ——

#InfoSecCare

이수현(포텐 리) 지음

좋은땅

쉽고 간결하게 정보보안의 전체를
훑어볼 수 있는 입문서

IT와 정보보안의 필드에서 활동하고 있는 엔지니어로서 보다 많은 사람들이 정보보안에 대해 쉽게 접근하고 잘 이해했으면 하는 마음이 누구보다 간절하다. 이는 그만큼 정보보안이 중요하기도 하기 때문이고 여기에 더해 정보보안이 굉장히 재미있는 분야이기도 하기 때문이다.

IT의 중요성이 점점 커지면서 이를 지탱하고 보호해 주는 정보보안의 중요성 또한 더더욱 커지고 있다. 따라서 우리가 한글을 아는 것이 실생활을 위한 필수적인 소양에 해당하는 것처럼 정보보안에 대한 기본 지식에 해당하는 '정보보안 리터러시(Literacy)'를 함양하는 것은 4차 산업혁명 시대를 살아가는 우리들에게는 거의 필수적인 교양이라고 할 수 있는 것이다.

여기에 더해 정보보안 그 자체는 대단히 흥미로운 분야이기도 하다. 정보보안은 결코 가볍게 다뤄질 수 없는 존재이지만 그렇다고 마냥 심각하게 접근해서는 그 정수에 다가갈 수 없다. 정보보안의 중요성과 영향력에 대해서는 충분히 인지를 하되, 이와 동시에 친숙하고도 즐거운 마음으로 다가서는 것은 유의미하고도 새로운 접근이 될 수 있을 것이다.

정보보안은 사실상 IT의 모든 분야와 연관이 있기에 사실상 그 범위는 IT 전체이거나 그 이상이라고 말해도 과언이 아니다. 정보보안은 파도 파도 끝이 없으며 그 범위 또한 광범위하고, 따라서 평생을 공부해도 질리지 않는 분야이며, 이와 같은 것은 사실 흔하지 않다. 공부 자체가 재미있는 사람은 세상에 많지 않겠지만, 정보보안의 세계를 탐험하다 보면 평소의 생각이 충분히 바뀔 수도 있다고 감히 단언해 본다.

본 책은 정보보안의 전반에 대해 쉽고 간결하게 훑어볼 수 있는 입문서로서 크게 5가지 파트로 나누어 정보보안의 주요 개념을 소개하고 있다. 각각 '암호', '악성코드', '해킹', '네트워크 보안', '엔터프라이즈 보안'으로 모두 정보보안의 핵심 분야에 해당한다.

가장 먼저 등장하는 암호 시리즈에서는 인류 역사의 흐름을 타고 가면서 암호가 어떻게 발전하게 되었는지 살펴보고 여러 주요 암호학적 개념들을 탐구하게 된다. 그다음으로 등장하는 악성코드 시리즈에서는 랜섬웨어와 같이 현재 우리에게 피해를 끼치고 있는 악성코드의 근원은 무엇인지 살펴보고 바이러스, 트로이 목마, 웜 등 주요 악성코드들의 개념에 대해 소개한다.

이어서 등장하는 해킹 시리즈에서는 진정한 해커란 무엇인지에 대해 근본적으로 질문하며 누구나 궁금해하는 주요 해킹 기법들에 대해 간단히 다룬다. 다음으로 등장하는 네트워크 보안 시리즈에서는 지금의 현대 문명을 지탱해 주는 가장 중요한 인프라에 해당하는 네트워크를 보호하기 위한 정보보안 측면의 치열한 노력을 소개한다. 마지막에 해당하는 엔터프라이즈 보안 시리즈에서는 기업 실무 관점에서 등장하는 여러 주요 보안 개념들에 대해 현장의 관점에서 최대한 생생하게 소개하는 자리를 가진다.

역사책 같기도 하고 용어집 같기도 한 구성으로 이루어져 IT에 대해 배경지식이 없는 분들도 쉽게 이해할 수 있도록 쉬운 용어로 풀어 쓰기 위해 최대한 노력하였다. 그리고 정보보안의 주요 핵심 개념들을 담기 위해 엄청나게 많은 고민을 거듭하고 각고의 노력을 쏟아부었다. 마치 소설책을 읽는 듯한 느낌이 들도록 쉬운 문장으로 구성되어 있지만 그 깊이는 결코 가볍지 않다. 모든 주요 개념들을 빠짐없이 소개하는 이론서나 백과사전식의 책은 아니지만 정보보안의 전체 모습을 즐겁게 파악하는 데는 무리가 없는 책이라 확신한다.

쉽고 간결하게 정보보안 전체를 훑어볼 수 있는 입문서를 한번 써 보는 것은 필자의 오랜 소망이었다. 그러나 역설적이게도 이러한 작업은 대단히 뛰어난 필드의 전문가가 될수록 점점 더 시도하기가 어려워진다. 왜냐하면 파면 팔수록 끝이 없고 더욱 깊어지는 엔지니어의 세계에서는 특정 분야에서 고수가 될수록 점점 더 방대한 세상에 직면하면서, 좋은 의미로 본인의 한계를 겸허하게 느끼게 되기 때문이다. 따라서 이러한 시도는 필자처럼 어설프게 전체를 두루뭉술하게 알고 있는 레벨에서만 도전이 가능한 부분이기도 할 것이다. 이러한 절묘한 골디락스의 구간에 있는 인간으로서의 필자는 오로지 지금 이 순간에서만 가능한 열정과 패기로, 돈키호테의 정신으로 감히 쉽지 않은 도전을 해 보고자 한다. 이 첫 시도는 부족한 점이 많을 수 있기에, 앞으로 역량만 된다면 계속 무모하고 아름답고도 가치 있는 시도를 지속해 볼 예정이다.

이 책은 '정보보안 카페'라는 제목 그대로 차 한 잔의 여유로움과 함께 정보보안 지식을 쉽고 재미있게 즐길 수 있는 시간을 제공해 드리는 것을 목표로 한다. 블로그에도 본 글을 게재하면서 여러분들이 주셨던 응원의 글들을 보면서 대단히 큰 힘을 얻었다. 보안 관련 자격증을 준비하거나 취업을 위한 면접 등을 준비하면서 필자의 부족한 글에서 큰 도움을 얻었다는 여러 응원의 메시지를 보면서 어려운 글쓰기를 지속할 수 있는 무한한 동력을 얻었다. 정보보안(InfoSec) 전반을 케어(Care)하는 입문서로서 잠시나마 독자 분들의 곁을 지키며 즐거운 시간을 만들어 드릴 수 있다면 그보다 더 영광스러운 일은 없을 것이다.

2022년 봄

이수현(포텐) 올림

목차

1

암호

2

악성코드

3

해킹

4

네
트
워
크
보
안

5

엔터프라이즈 보안

1

암호

고대 암호

　인류 최초의 암호는 무엇일까? 암호의 역사는 얼마나 길까? 처음부터 너무 무게를 잡고 딱딱한 질문을 해서 죄송하다. 정보보안이라는 최첨단 IT 분야에서 갑자기 고리타분한 역사를 거론한다는 것이 다소 이상하고 낯설게 느껴질 수도 있다. 하지만 역사는 결코 고리타분하지 않으며 앞선 질문들 또한 모두 흥미롭고 중요한 질문이다. "역사는 과거와 현재와의 끊임없는 대화"라는 랑케의 격언을 굳이 거론하지 않더라도 역사는 곧 현재를 비추는 거울과도 같기 때문이다.

　'암호의 역사가 얼마나 긴가?'에 대한 거친 답변을 하고자 한다. 단언컨대 암호는 인류 문명이 태동한 직후부터 줄곧 존재했을 것이다. 반드시 그럴 것이다. 왜냐하면 옛날에도 정보는 곧 돈이고 힘이고 재산이었기 때문이다. 문명이 발달하면서 사유재산의 개념이 점차 확립되었다. 이에 따라 중요한 자산에 해당하는 정보를 보호하기 위한 활동은 반드시 필수적으로 요구되었을 것이다. 앞으로 이 시리즈를 읽으면서 차차 확인할 수 있겠지만, 암호는 역사의 흐름을 거치면서 점점 더 발전하고 단단해진다. 정보의 힘이 더욱 막강해지기에 암호의 중요성 또한 함께 높아지는 것은 필연적이라고 할 수 있다. 암호의 역사를 추적하는 것은 정보보안을 이해하기 위한 여정이기도 하지만, 세상의 본질을 통찰하는 과정으로서도 대단히 흥미로운 여행이 될 것이다.

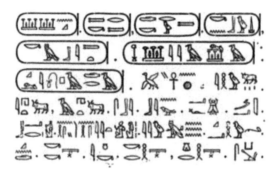

[사진 1] 이집트 신성문자
출처 : 위키백과

현재 확인할 수 있는 역사상 가장 오래된 암호는 기원전 19세기의 이집트 신성문자(Hieroglyph)이다. 굉장히 미스터리하고도 오묘하게 생긴 이 문자는 일반인들은 도저히 해석하기 힘든 비밀의 기호처럼 보인다. 이 문자는 200여 년 전 천재적인 언어학자인 장 프랑수아 샹폴리옹(Jean-François Champollion)에 의해 기적적으로 해독되었다. 그러나 신성문자는 정보를 숨기려는 의도로 만들어진 문자는 아니라서, 엄밀히 말해 암호라고 보기는 힘들 수도 있다. 당시 이집트 귀족들의 사고 체계와 유희 활동이 반영된 문자로서 단지 직관적으로 이해하기가 힘들 뿐이다. 진정한 의미로서의 최초의 암호는 기원전 15세기의 메소포타미아 점토판이라고 할 수 있는데 상업적으로 가치가 있는 도자기 유약 제조법을 다른 사람이 쉽게 읽지 못하도록 암호화하려는 흔적을 보여 주고 있어 가히 암호의 원형이라고 할 만하다.

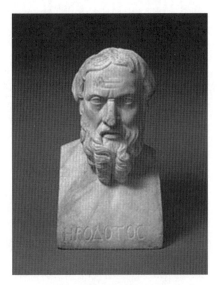

[사진 2] 헤로도토스(Herodotus)
출처 : 위키백과

암호는 특히 전쟁과 떼려야 뗄 수 없는 관계가 있다고 할 수 있다. 배신자 등에 의해 기밀 정보가 유출되어 잘나가던 군단도 전쟁에서 허탈하게 패배했던 사례들은 역사 속에 무수히 많이 존재한다. 이에 따라 전시 상황에서 기밀 정보를 최대한 안전하게 전달하기 위한 노력은 여러 사료에서 확인할 수 있다. '역사의 아버지' 헤로도토스(Herodotus)가 저술한 고대 역사서에는 삭발한 노예의 머리에 중요 정보를 새긴 뒤 머리를 기른 후 전령으로 보냈던 사례가 존재한다. 이외에도 과일 주스 등으로 만든 투명 잉크를 이용해서 밀서를 쓴 뒤 불에 쪼여야만 볼 수 있도록 메시지를 숨기는 등 다양한 기법이 사용되었다. 이처럼 정보 자체를 알아볼 수 없게 만드는 것을 스테가노그래피(Steganography)라고 하는데 현대 암호학에서는 이를 암호로 분류하지는 않지만 역사적으로는 암호의 가장 기초적인 형태에 해당된다.

시저 암호

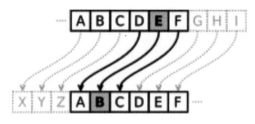

[사진 3] 시저 암호

출처 : 위키백과

　가장 주목할 만한 고대 암호의 흔적은 2,000여 년 전 그리스·로마 시대로 거슬러 올라가서 확인할 수 있다. 먼저 소개할 암호는 시저 암호(Caesar cipher)이다. 서양사에서 큰 자취를 남긴 '로마의 위대한 영웅' 줄리어스 시저(Julius Caesar)는 암호의 역사에서도 큰 족적을 남겼다. 시저는 가까운 사람과의 비밀 통신을 위해 당시로서 기발한 아이디어를 고안하였는데, 알파벳의 세 문자씩 당겨서 글을 읽고 쓰는 방식이었다. 예를 들어 D라고 표기한다면 사실은 A이고, E라고 표기하면 실제로는 B인 셈이다. 이는 현대 암호학에서 치환(Substitution)이라고 부르는 방식의 선구적인 모델이라고 할 수 있는데 이름 그대로 문자를 특정한 규칙에 따라 다른 문자로 치환하는 방식을 의미한다.

줄리어스 시저의 로마 시대에서 1500여 년 후의 르네상스 시대로 건너가면 인류가 배출한 또 한 명의 천재인 레오나르도 다빈치(Leonardo da Vinci)를 만날 수 있다. 그는 특이하게도 거울에 비춰야만 제대로 보이는 '거울 글씨'를 썼다고 널리 알려져 있다. 가히 범상치 않은 인물이라고 할 만하며 왜 굳이 그렇게까지 해야 하냐는 의문을 품을 수도 있는 행동이다. 재미있게도 다빈치가 왜 거울 글씨를 썼는지에 대한 명확한 이유는 아직 알려져 있지는 않다. 왼손잡이였기에 손에 잉크가 묻지 않기 위한 방법이라는 설부터 정보 은폐를 위한 목적이라는 설까지 다양한 의견이 존재한다. 다빈치보다 약 1,500년 전의 사람인 줄리어스 시저 또한 마찬가지이다. 시저 암호 또한 명확한 탄생 이유는 알 수 없다. 그러나 시저는 로마의 영웅으로, 그가 주고받았던 편지 하나하나가 인류 역사의 향방을 결정했다고 하여도 과언은 아니다. 갈리아 전쟁의 영웅이자 로마 제국의 수립에 결정적인 기여를 한 시저에게는 굳이 알파벳을 세 문자씩 당기며 글을 읽고 써야 할 정도로 피곤하게 살 만한 충분한 이유가 있었던 것이다.

정확한 출처는 밝혀지지 않았지만 시저는 암살당하기 직전 가족으로부터 긴급 통신문을 받았다고 전해진다. 이 역시도 알파벳이 세 문자씩 당겨진 시저 암호로 된 편지였다. 메시지는 '암살자를 주의하라'였다고 한다. 하지만 시저는 정작 암살자가 누군지는 정확히 알 수 없었다. 그래서 결국은 평소에 총애하던 브루투스에 의해 원로원에서 암살을 당하게 된다. 여기서 우리는 중요한 교훈을 얻을 수 있다. 기술도 정말 중요하지만 결국 모든 것은 사람이 하는 것임을 말이다. 가장 아끼던 브루투스에 의해 죽음을 맞이하였지만, 그가 남긴 시저 암호는 정보보안의 역사에 영원히 살아남아 간직될 것이다.

[사진 4] 시저의 암살(칼 폰 필로티)
출처 : 위키백과

스키테일 암호

[사진 5] 스키테일
출처 : https://commons.wikimedia.org/wiki/File:Skytale.png

앞서 소개한 시저 암호에 이어 또 하나의 중요한 고대 암호를 소개하고 자 한다. 바로 스키테일(Scytale) 암호이다. 원통과 양피지 리본을 이용하는 방식으로서 고대 그리스의 스파르타에서 주로 사용되었다. 긴 양피지 리본을 원통에 감은 뒤 글자를 쓰고 해당 리본을 다시 원통에서 풀어서 전달하는 방식이다. 똑같은 크기의 원통에 리본을 감아야만 원래 썼던 글자를 복원할 수 있으므로 암호화를 한 것 같은 효과를 얻을 수 있다. 단순하지만 상당히 기발한 방식이라고 할 수 있다.

간단한 예시를 들어 다시 설명하자면 원통에 리본을 두르고 'I am hurt very badly help(나는 매우 심하게 다쳤다. 도와줘)'라는 글자를 쓴 뒤 리본을 풀면 'Iryyatbhmvaehedlurlp'와 같은 정체불명의 글자가 나온다. 시저 암호처럼 다른 글자로 치환하는 것이 아니라 글자의 위치를 바꿔 버리는 방식이라고 할 수 있는데, 현대 암호학에서 전치(Transposition)라고 부르는 방식의 선구적 모델에 해당한다. 원통의 크기에 따라 글자의 배열은 달라질 것이다. 원통의 지름이 조금이라도 다르면 모든 것이 틀어지므로 원통의 크기(지름)가 바로 키라고 할 수 있다. 보내는 사람과 받는 사람이 같은 크기의 원통을 가지고 있어야만 서로 정확히 소통할 수 있다.

스키테일이 제공하는 또 하나의 이점은 메시지가 중간에 변조되는 걸 방지할 수 있다는 점이다. 예를 들어 중간에 존재하는 악의적인 세력이 리본을 탈취한 후 밀서의 내용을 변조하려고 시도한다고 치자. '아테네를 침공하라'라는 글자를 '스파르타를 침공하라'로 바꾸고 싶은 것이다. 하지만 원통의 크기를 정확히 모른다면 원문 자체를 모르므로, 애초에 변조 자체가 불가능하다. 물론 리본 자체를 찢어 버리면 되지만 이는 아무런 의미가 없다. 스키테일을 통해 현대 보안에서 말하는 '메시지 인증(Message Authentication)'의 개념까지 구현할 수 있는 것이다. 스키테일은 현재까지 확인된 세계에서 가장 오래된 암호 장치라고 할 수 있다. 무려 2,500여

년 전 고대 그리스에서 발명되었다는 사실을 생각하면 실로 경이롭게 느껴진다. 각자의 초소에 원통이 놓여 있는 고대 그리스 시절의 전쟁터 모습이 저절로 눈앞에 그려지는 것 같다.

암호 분석(1)

지금까지 고대 암호에 대해 설명하였다. 이집트 신성문자부터 시작하여 그리스·로마의 시저 암호와 스키테일 암호에 이르기까지 참으로 긴 시간을 여행하였다. 시저 암호의 창시자이자 로마의 위대한 영웅인 줄리어스 시저부터 시작된 로마 제국은 '팍스 로마나(Pax Romana, 로마의 평화)'로 대표되는 황금기를 구가하다가 여러 내부적인 갈등으로 인해 서로마와 동로마로 분열되게 되고, 결국 476년 게르만족에 의해 서로마가 멸망하게 된다. 서로마 제국의 멸망을 기점으로 유럽 역사에서는 고대가 저물고 중세가 시작되었다고 말하고 있다. 레오나르도 다빈치로 대표되는 르네상스에 의해 유럽의 인문주의가 화려하게 부활하기 전까지의 약 1,000여 년의 기간이 바로 중세에 해당한다고 할 수 있는데, 이는 흔히 암흑기로 불리곤 한다.

하지만 유럽의 중세를 단순 암흑기로 간주하는 건 다소 논란이 있는 부분이다. 여기서 역사학계의 논쟁에 대해 깊이 있게 다룰 수는 없을 것이

[사진 6] 알 킨디(Al-Kindi)
출처 : https://commons.wikimedia.org/wiki/
File:Al-Kindi_Portrait.jpg

다. 그러나 유럽의 중세가 흔히 알려진 것처럼 암흑기가 아닌 이유는 근
방의 아랍에서는 혁명적인 과학기술의 발전이 진행되고 있었기 때문이
다. 이의 영향을 받아 유럽 또한 조금이지만 역동적인 성장을 거듭하였
다. 이제부터 소개하고자 하는 인물은 바로 '아랍 철학의 아버지'로도 불
리는 알 킨디(Al-Kindi)라는 학자이다. 그는 혁명적인 발전이 이뤄진 당시
아랍 세계에서 매우 중요한 인물이며 철학, 자연과학, 수학, 음악 등 다양
한 분야에서 중요한 업적을 남겼다.

그는 특히 수학에서 두 가지의 커다란 업적을 남겼는데, 첫째는 인도 숫
자를 아랍으로 가져와 현재와 같은 아라비아 숫자 체계가 만들어질 수 있
는 토대를 세웠다는 것이다. 지금 우리 모두가 사용하는 아라비아 숫자는

그의 업적 덕분에 존재한다고 해도 과언은 아니다. 둘째는 암호학 분야에서 암호 분석(Cryptanalysis)의 개념을 최초로 정립했다는 것이다. 암호 분석은 쉽게 말해 암호를 해독하고 풀기 위한 방법론이라고 할 수 있는데, 그는 특히 빈도 분석(Frequency Analysis)이라는 기법을 통해 시저 암호와 같은 치환 암호를 해독할 수 있는 길을 마련하였다. 이와 같은 암호 분석의 정립은 컴퓨터의 아버지인 앨런 튜링이 등장하는 2차 세계대전 직전까지 암호학 역사상에서 가장 위대한 진보라고도 평가받을 정도로 중요한 업적이라고 할 수 있다.

암호 분석(2)

암호 분석은 알 킨디가 저술한 하나의 책으로부터 시작되었다. 바로《암호문 해독에 관한 원고(Manuscript on Deciphering Cryptographic Messages)》이다. 만약 암호에 관한 역사를 서술한다면 이 책을 기점으로 암호의 역사를 분기해도 과언이 아닐 정도로 굉장히 기념비적인 책이라고 할 수 있다. 왜냐하면 인류 역사상 최초로 암호를 수학적이고 과학적으로 분석하고 해석하려는 시도를 담고 있기 때문이다. 암호학에서 암호 분석이 중요한 이유는 더 강력한 암호를

[사진 7] 알 킨디의《암호문 해독에 관한 원고(Manuscript on Deciphering Cryptographic Messages)》첫 페이지
출처 : 위키백과

만들기 위한 동력을 제공해 주기 때문인데, 암호 분석을 통해 암호의 취약점이 드러나면 이를 보강하기 위한 끊임없는 발전이 이루어진다. 알 킨디의 기념비적인 저술 이후 암호학은 발전을 위한 무한한 추진력을 본질적으로 내장하게 되었다고 할 수 있다.

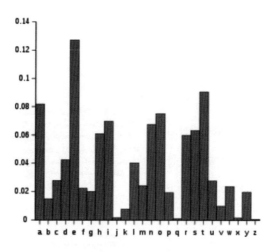

[사진 8] 영어 알파벳의 일반적 사용 분포
출처 : 위키백과

그렇다면 알 킨디가 정립한 암호 분석은 어떤 원리로 동작되는 것일까? 가장 핵심에 해당하는 빈도 분석에 대해 간단히 설명하고자 한다. 빈도 분석은 이름만 들으면 뭔가 어려울 것 같지만 생각보다 단순한 개념이다. 영어 알파벳은 A부터 Z까지 26자이고, 여기서 유독 특정 알파벳은 자주 쓰인다. 가령 E, T, A와 같은 문자들은 다른 알파벳에 비해 자주 사용된다.

여기까지만 설명해도 벌써 눈치를 챈 사람들이 많을 것 같다. 예를 들어 암호문에서 X, Y, Z가 유독 자주 나온다면 이를 E, T, A라고 가정해 보는 것은 굉장히 확률이 높은 싸움이라고 할 수 있다. 이와 같이 기존의 통계적 데이터를 근간으로 암호를 유추하는 방법이 바로 빈도 분석의 핵심이라고 할 수 있다. 물론 암호문이 충분히 길어야 이와 같은 추론도 의미가 있으며, 이 부분 또한 알 킨디는 명확히 지적하고 있다. 무려 1,200여 년 전 아랍 세계에서 이와 같은 통계적 성질을 활용한 암호 분석의 기법이 탄생했다는 것은 해당 시점 아랍 세계의 높은 지식 수준을 가늠하게 해 준다.

빈도 분석을 통해 시저 암호와 같은 단일 치환 암호는 더 이상 보안성을 담보하게 될 수 없게 되었다. 이는 이후에 설명될 알베르티 암호와 같은 다중 치환 암호가 대두하는 강력한 계기가 되었다. 그리고 한참 후 에니그마와 같은 절대로 뚫을 수 없는 난공불락의 암호 장치까지도 등장하지만, 상상조차 안 되는 인간의 위대한 두뇌로 이 또한 결국은 뚫리게 된다. 이러한 모든 인간의 고민과 노력, 그리고 위대함의 시초가 바로 알 킨디의 암호 분석이라고 할 수 있다. 지금 이 순간까지도 암호는 '뚫리고 막고'의 치열한 무한 경쟁 사이클을 반복하고 있다. 정보보안은 뚫는 자와 막는 자 사이의 끊임없는 전쟁을 통해 지금 이 순간에도 꾸준히 생산적인 발전을 이어 가고 있다.

알베르티 암호,
트리테미우스 암호

알 킨디가 창시한 빈도 분석으로 인해 시저 암호는 종말을 고하게 되었다. 단순히 일대일로만 매칭하는 단일 치환 암호는 빈도 분석이라는 통계학의 마법에 의해 무용지물이 돼버린 것이다. 이에 따라 두 개 이상의 매칭 기준을 두는 등 좀 더 복잡하게 치환을 할 수 있는 암호가 연구되기 시작하였는데 가장 먼저 포문을 연 사람은 '서양 암호학의 아버지'로 불리는 레온 바티스타 알베르티(Leon Battista Alberti)이다. 그는 르네상스

[사진 9] 레온 바티스타 알베르티
(Leon Battista Alberti)
출처 : https://en.wikipedia.org/wiki/
Leon_Battista_Alberti

시기의 인문학자로서 철학과 건축학 등 다양한 분야에서 업적을 남겼는

데 무엇보다도 암호학에서 대단히 중요한 금자탑을 쌓았다. 바로 최초의 다중 치환 암호에 해당하는 알베르티 암호를 창시한 것이다.

알베르티 암호는 두 개의 원판을 기반으로 암호화가 수행된다. 바깥쪽 원판은 평문에 해당하고 안쪽 원판은 암호문에 해당한다고 보면 되는데, 안쪽 원판은 일정한 규칙에 따라 회전할 수 있어 평문과 암호문의 매칭 관계가 일대일이 아니라 계속 동적으로 바뀌게 된다. 알베르티 암호의 동작 메커니즘은 다소 복잡하여

[사진 10] 알베르티 암호 원판
출처 : https://commons.wikimedia.org/wiki/
File:Alberti_cipher_disk.svg

여기서 자세히 소개하지는 않겠지만, 기본적으로 평문과 암호문의 매칭 관계가 계속 바뀌므로 빈도 분석을 피할 수 있는 최초의 치환 암호라고 할 수 있다.

알베르티 암호가 창시되고 얼마 지나지 않아 독일 쉬폰하임 수도원장인 요하네스 트리테미우스(Johannes Trithemius)에 의해 또 다른 다중 치환 암호가 탄생하게 되었는데, 창시자의 이름을 따서 트리테미우스 암호로 불린다. 알베르티 암호와 트리테미우스 암호 모두 인문주의가 화려하게 꽃 핀 유럽의 르네상스 시기에 탄생하였는데, 역사의 발전에 따라 암호학도 더불어 발전하는 불변의 패턴을 보여 주고 있다.

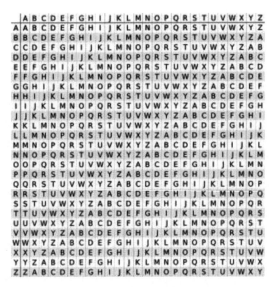

[사진 11] 트리테미우스 암호 타뷸라 렉타

출처 : 위키백과

    트리테미우스 암호는 이름에서 풍겨 나오는 엄청난 압박감과는 달리 동작 메커니즘은 상당히 간단하다. 타뷸라 렉타(Tabula recta)라고 불리는 사각형 테이블만 있으면 누구나 강력한 암호를 만들 수 있다. 시저 암호는 매번 똑같은 규칙에 따라 치환하지만 트리테미우스 암호는 하나의 글자를 치환하면 타뷸라 렉타의 그다음 줄로 넘어가서 해당 규칙에 맞게 치환한다. 그리고 또 다음 글자는 그다음 줄로 넘어가서 그 규칙에 따라 치환한다. 이와 같은 구조로 글자마다 매번 다른 규칙을 적용하면서 빈도 분석의 레이더를 피할 수 있는 다중 치환 암호로 동작되는 것이다. 결국 타뷸라 렉타라는 치환표가 가장 중요하다고 할 수 있으며, 이게 유출된다면 결국 모든 것이 무용지물이 되는 구조이다.

　현대 암호학의 대원칙 중 하나로 '암호 메커니즘은 누구에게나 알려져도 좋다. 중요한 것은 키다'라는 원칙이 존재하는데, 이를 '커크호프 원칙'이라고 하며 뒤에서 좀 더 자세히 소개될 것이다. 트리테미우스 암호는 비록 대단히 강력한 알고리즘이지만 암호 메커니즘 자체가 유출이 되면 쉽게 말해 그냥 끝나 버리는 구조라고 할 수 있다. 암호 메커니즘은 예를 들어 자물쇠에도 구현될 수 있고 계산기 내부 소형 칩에도 구현될 수 있기에, 사실 누구에게나 모두 알려져야만 하는 것이다. 따라서 가장 중요한 것은 키라고 할 수 있다. 그런데 이러한 갈증을 해소시켜 주기라도 하는 듯 조금 더 세월이 흘러 트리테미우스 암호에다가 키라는 요소까지 가미된 더욱 강력한 암호 알고리즘이 탄생하였는데, 이게 바로 비즈네르 암호이다. 이 또한 암호학의 역사에서 대단히 중요한 이정표라고 할 수 있다.

비즈네르 암호

알베르티 암호와 트리테미우스 암호와 같은 다중 치환 암호가 등장하면서 보다 세련되고 강력한 암호 체계가 탄생하게 되었다. 하지만 앞서 설명한 것처럼 해당 암호들은 암호 메커니즘 자체가 유출되면 모든 것이 뚫린다는 치명적인 문제점이 있었다. 이는 쉽게 말해 자물쇠의 제조 과정만 알면 세상에 있는 모든 자물쇠가 다 뚫리는 구조라고 할 수 있겠다. 사실 자물쇠는 키가 있느냐 없느냐에 따라 열고 못 열고가 결정된다. 자물쇠 자체가 얼마나 강력한지는 중요하지 않다. 따라서 다중 치환 암호에 키의 개념이 도입되는 것이 절실하게 필요하였다.

그런데 바야흐로 여기에 대한 해법을 제시한 혁명적인 암호 알고리즘이 탄생하였는데, 그게 바로 '비즈네르 암호'이다. 프랑스의 외교관인 블레즈 드 비즈네르(Blaise de Vigenère)에 의해 고안되었기에 그의 이름을 따서 앞서 비즈네르 암호라고 불린다. 비즈네르 암호는 앞서 설명한 트리테미우스 암호에다가 키라는 개념을 절묘하게 녹인 알고리즘이다. 동작

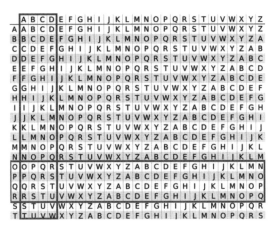

[사진 12] 비즈네르 암호 동작 원리
출처 : 위키백과

방식은 트리테미우스 암호와 거의 동일하다. 차이점은 한 줄 한 줄 순서대로 암호화를 하는 것이 아니라 지정된 키에 따라 행간을 넘나든다는 것이다. 아주 간단한 예를 들어('[사진 12]' 참고) 암호화 키를 OPQR로 지정하고 ABCD라는 평문을 암호화한다고 가정해 보자. 만약 트리테미우스 암호라면 순진하게 첫째 줄부터 차례대로 암호화를 하게 될 것이다. 그래서 암호화 결과는 ACEG가 될 것이다. 하지만 비즈네르 암호는 OPQR이라는 키가 있으므로 거기에 해당하는 줄로 바로 넘어가서 OQSU로 암호화하게 된다. 아무리 타뷸라 렉타가 유출되더라도 OPQR이라는 키를 모른다면 근본적으로 암호를 풀 수 없는 구조라고 할 수 있다.

그리 어렵지도 않고 혁명적으로 보이지 않을 수도 있지만, 키라는 존재가 있느냐 없느냐에 따른 차이는 실로 엄청난 것이라고 할 수 있다. 비즈네르 암호는 1586년에 발표되었는데, 300여 년이 지난 1863년에서야 이를 해독할 수 있는 방법이 처음 나왔을 정도로 강력함을 자랑하였다. 구현하기도 쉬운데 강력하기까지 한 그야말로 궁극의 암호로 동작되었던 것이다. 그런데 한 가지 놀라운 사실을 말하자면 비즈네르 암호의 최초 발명자는 사실 블레즈 드 비즈네르가 아니다. 1553년에 지오반 바티스타 벨라소(Giovan Battista Bellaso)라는 이탈리아의 암호학자에 의해 30년도 더 전에 이미 발명되었던 것이다. 비즈네르는 벨라소의 업적을 근간으로 약간의 변형한 버전을 다시 발표한 것일 뿐이었다. 따라서 비즈네르 암호라는 명칭은 잘못된 것이다. 사실 벨라소 암호가 되어야만 한다. 역사에는 이와 같은 일들이 부지기수로 발생한다. 하지만 정보보안을 제대로 아는 사람이라면 벨라소의 위대한 업적을 잊지 않고 기억할 수 있도록 노력해야만 할 것이다.

찰스 배비지

컴퓨터의 역사를 언급하면 항상 빠지지 않고 등장하는 사람이 있다. 바로 '컴퓨터의 아버지' 찰스 배비지(Charles Babbage)이다. 그는 차분 기관과 해석 기관이라는 이름만 들어도 복잡할 것 같은 엄청난 기계들을 설계하였다. 특히 해석 기관은 튜링 머신보다도 약 100여 년 앞서 고안된, 현대 컴퓨터가 가져야 할 모든 조건을 만족하는 '프로그래밍이 가능한 기

[사진 13] 찰스 배비지(Charles Babbage)
출처 : 위키백과

계'에 해당한다. 해석 기관에는 반복문과 조건문이 존재하고 현대의 어셈블리어와 유사한 명령어도 사용되는 등 200여 년 전임을 감안한다면 실로

놀라운 요소들이 많다. 해석 기관을 설계한 찰스 배비지와 튜링 머신을 고안한 앨런 튜링 둘 중 누가 진정한 컴퓨터의 아버지인가에 대한 논쟁은 지금도 끊임없이 진행 중에 있는데, 아마 명확한 결론은 도출되기 힘들 것이다. 하지만 분명한 점은 찰스 배비지와 앨런 튜링 모두 지금과 같은 컴퓨터 세상의 문을 열어 준 엄청난 선구자임은 자명하다는 것이다.

[사진 14] 산업혁명 시대의 베틀(Robert Loom)
출처 : 위키백과

찰스 배비지가 이와 같은 탁월한 업적을 이룰 수 있었던 것은 그의 천재적인 기질이 가장 큰 역할을 했을 것임은 분명하다. 그러나 그가 태어나고 활동했던 시대적 배경 또한 충분히 생각을 해 봐야만 한다. 아무리 천재라 하더라도 아무것도 없는 원시 시대에 차분 기관이나 해석 기관을 만들 수는 없기 때문이다. 그는 지금으로부터 약 200여 년 전 한창 산업혁명이 진행되던 시기의 영국에서 태어나 활동하였다. 증기 기관으로 대표되는 1차 산업혁명이 세상을 바꾸기 위한 날갯짓을 적극적으로 시작하던 그때는 혁신적인 성과가 탄생할 수 있는 최고의 무대였다. 당시 영국은 빅토리아 여왕이 통치하던 시기로서 빅토리아 시대라고도 불렸는데, 이 시기는 영국을 비롯한 유럽이 급속도로 성장하고 팽창하는 시대였다. 물론 여기에는 빛과 그림자가 모두 존재하지만, 밝은 면만 보자면 인류 문명이 급속도로 발전했던 황금기였다고 할 수 있다.

찰스 배비지는 특히 이 시대의 암호학에서도 중요한 이정표를 남겼다. 바로 앞서 설명한 비즈네르 암호를 최초로 해독할 수 있는 방법을 찾아낸 것이다. 하지만 그는 이에 대한 방법을 대중에게 발표하지는 않았고, 이후에 프리드리히 카지스키(Friedrich Kasiski)에 의해 동일한 방법이 공식 발표되어 이는 카지스키 테스트라는 이름으로 지금까지 남아 있게 된다. 찰스 배비지는 산업혁명의 시대를 대표하는 인물이며 컴퓨터를 탄생시킨 혁명적인 선구자이다. 그는 기존의 다소 주먹구구식으로 진행되었던 암호 체계에서 탈피하여 진정한 의미의 과학적인 암호로 건너갈 수 있는 다리를 만들었던 것이다. 따라서 공식적인 분류는 아니지만, 그를 기점으로 근대적 의미의 암호 체계가 시작되었다고 평가해도 크게 틀린 말은 아닐 것이다.

커크호프 원칙

찰스 배비지는 해석 기관을 창시하고 비즈네르 암호를 해독함으로써 근대적 암호 체계의 문을 연 상징적인 인물이다. 이런데 이러한 찰스 배비지와 더불어 근대적 암호를 상징하는 또 하나의 존재가 있는데, 이는 특정 사람이 아니라 법칙이다. 바로 '커크호프 원칙'이라고 불리는 암호학 법칙이다. 이 법칙은 아우후스트 케르크호프스(Auguste Kerckhoffs)라는 네덜란드의 암호학자에 의해 창시되었는데, 그의 이름을 따서 '커크호프 원칙'이라고 불린다. 원칙

[사진 15] 아우후스트 케르크호프스(Auguste Kerckhoffs)
출처 : 위키백과

자체는 다른 교과서나 정보보안 책에서도 비교적 많이 인용되지만 창시

자는 그에 비해 잘 언급되지 않는다. 그 이유는 이름을 발음하기가 너무 힘들기 때문이라는 정체불명의 농담도 존재한다.

커크호프 원칙은 쉽게 '암호 메커니즘은 누구에게나 알려져도 좋다. 중요한 것은 키다'로 요약될 수 있다. 원래는 총 6가지의 원칙이 존재하였는데, 한 가지 원칙을 제외한 나머지 원칙들은 암호학이 발전하면서 옳지 않음이 밝혀지거나 유용성을 잃어버리는 등 그 가치가 희석되었다. 하지만 유일하게 살아남은 이 한 가지 원칙은 암호학의 정수로서 현대의 거의 모든 보안 시스템의 설계에 적용되어 운용되고 있다. 앞서 설명한 것처럼 암호 메커니즘 자체는 아무리 복잡하고 화려하더라도 큰 의미가 없다. 자물쇠를 여는 데 중요한 건 키이지, 자물쇠 자체가 얼마나 강력한지가 아니기 때문이다. 자물쇠가 아무리 강력하더라도, 자물쇠 한 개의 제조 과정만 알면 세상에 있는 모든 자물쇠가 뚫리는 구조는 아무 짝에도 쓸모가 없다. 따라서 키를 제대로 관리하고 나머지는 알려지든 말든 상관하지 않는 보안 시스템은 가장 안정적이고 이상적인 구조라고 할 수 있겠다.

커크호프의 원칙은 디지털의 아버지인 클로드 섀넌(Claude Shannon)에게도 영향을 주어 다음과 같은 명언을 남기는 데 기여하였다. '시스템을 설계할 때에는 적이 모든 정보를 쉽게 얻을 수 있다는 가정하에 진행하여야 한다.' 커크호프의 원칙은 지켜야 할 것을 최소화하여 보안의 수준을 높이는 효과 또한 제공한다. 하지만 이는 반대로 생각하면 핵심에 해당하는 키가 유출되어 버리면 모든 것이 터무니없게 다 뚫릴 수 있다는 문제점 또한 존재한다. 이처럼 커크호프의 원칙을 통해 암호학의 주요 관심 요소가 키 관리로 옮겨지게 되는 패러다임의 대전환이 이루어지게 되었고, 이는 암호학의 이정표에서 천동설에서 지동설로의 전환에 비유할 수 있을 정도의 관점의 전환이라고 말할 수 있다. 이와 동시에 커크호프 원칙을 근대적 암호의 시작을 울리는 화려한 총성이라고 표현하더라도 결코 과언은 아닐 것이다.

에니그마

찰스 배비지는 인류 최초의 컴퓨터를 설계하였지만 이는 당대에 현실로 구현되지는 못하였다. 하지만 컴퓨터의 고안이 이뤄졌다는 자체만으로도 이미 시대의 변화를 예고하는 것이었다. 이는 암호학의 세계에서도 마찬가지로 적용된다. 이제는 타뷸라 렉타와 같은 단순 사각형으로 암호를 만드는 건 귀여운 수준이 되었다. 산업혁명의 정점에 해당하는 컴퓨터라는 기계는 인간의 상상을 초월하는 연산을 수행하는데, 이를 기점으로 암호 또한 차원이 다른 수준으로 격상하게 된다. 이를 상징하는 대표적인 암호 장치가 바로 에니그마(Enigma)라고 할 수 있다.

에니그마는 1차 세계대전이 끝난 1918년에 아르투어 세르비우스(Arthur Scherbius)라는 독일의 발명가에 의해 개발되었다. 에니그마는 기본적으로 비즈네르 암호와 같은 다중 치환암호의 확장판이라고 할 수 있지만, 만들 수 있는 암호문의 범위는 상상을 초월한다. 세 개 이상의 톱니바퀴와 내부의 복잡한 전기회로 구성을 통해 천문학적인 경우의 수를 만들

[사진 16] 에니그마(Enigma)
출처 : https://commons.wikimedia.org/wiki/
File:Enigma_(crittografia)_-_Museo_scienza_e_
tecnologia_Milano.jpg

어 낼 수 있었다. 많게는 1해 5,900경에 이르는 경우의 수까지 만들어 낼 수 있었다고 하니 가히 놀라울 지경이다. 따라서 오직 똑같은 상태의 에니그마에 암호문을 다시 입력해야만 원문을 확인할 수 있었다. 에니그마는 2차 세계대전 시기에 독일군에 의해 사용되었는데, 암호 규칙도 24시간에 한 번씩 바뀌었기에 이를 해독하는 것은 신이 아니라면 사실상 불가능에 가까운 정도였다.

하지만 전쟁이라는 특수한 상황은 인간 능력의 한계를 극도로 끌어올리게 된다. 2차 세계대전이라는 전대미문의 상황과 암호를 해독하기 위해 투입된 앨런 튜링(Alan Turing)이라는 인류 최고의 천재는 결국 에니그마를 해독하는 결과를 낳아 독일군의 패배를 야기하게 된다. 영화 〈이미테이션 게임(The Imitation Game)〉으로도 잘 알려진 앨런 튜링의 일대기는 그의 엄청난 천재성을 여실히 보여 준다. 에니그마는 로렌츠(Lorenz)라는 암호로 진화되어 더욱더 난공불락의 상황으로 악화되었지만, 영국군은 결국 로렌츠라는 엄청난 철옹성을 뚫고 전쟁을 승리로 이끌게 된다. 이를 위해 콜로서스(Colossus)라는 컴퓨터가 구현되어 암호 해독에 결정적인 역할을 담당하게 된다. 콜로서스는 흔히 알려진 것과는 달리 에니악보다도 더 오래된 인류 최초의 컴퓨터라고 할 수 있다. 앨런 튜링은 콜로서스의 개발에 직접 참여하지는 않았지만 그의 전신에 해당하는 전기식 봄브의 개발을 통해 에니그마의 해독에 결정적으로 기여하였다. 에니그마와 콜로서스 그리고 앨런 튜링은 암호학의 이정표에서 대단히 중요한 상징이라고 할 수 있으며, 인류 역사의 대변혁을 의미하는 존재이기도 하다.

[사진 17] 인류 최초의 컴퓨터 콜로서스(Colossus)
출처 : 위키백과

앨런 튜링

앨런 튜링의 천재적인 활약으로 무적의 에니그마 암호는 결국 격파되었고, 이는 2차 세계대전의 향방에 결정적인 영향을 미치게 되었다. 에니그마 암호의 해독은 결과적으로 독일군의 패배와 연합군의 승리를 야기하였고 이는 역사의 큰 물줄기를 바꾸는 결과를 낳았다. 이처럼 암호와 정보보안은 우리의 일상생활에서 중요한 것은 물론이고, 전쟁과 같은 특

[사진 18] 앨런 튜링(Alan Turing)
출처 : 위키백과

수한 상황에서는 인류의 역사를 바꿀 정도의 커다란 영향력을 지닌다. 이것이 바로 우리가 정보보안을 공부하고 그 중요성을 항상 잊지 않고 상기

시켜야만 하는 이유라고 할 수 있다.

[사진 19] 튜링 머신 작동 방식 묘사 그림
출처 : 위키백과

지금까지 설명했던 앨런 튜링은 암호의 역사에서도 큰 영향력이 있는
인물이다. 하지만 무엇보다도 중요한 건 그가 바로 지금의 컴퓨터가 존재
할 수 있게끔 해 준 사람이라는 것이다. 정보보안도 결국은 IT의 일부이기
에 IT의 아버지인 그를 도저히 언급하지 않고 지나갈 수가 없다. 앨런 튜
링은 튜링 머신(Turing Machine)이라는 개념을 창안하여 현대 컴퓨터의
기본 모델을 제시하였다. 단순 계산기와 컴퓨터가 결정적으로 다른 부분
은 바로 프로그래밍이 가능하느냐의 여부라고 할 수 있다. 그런데 튜링 머
신은 무한히 긴 테이프라는 가상의 존재를 상정하여 이 테이프에 실행하
고자 하는 프로그램 명령어를 쓰도록 하였다. 그리고 이론적으로 튜링 머
신은 테이프에 적힌 모든 명령어를 수행할 수 있었으며, 이는 결국 프로그
래밍이 가능하다는 현대 컴퓨터의 핵심 정수에 도달하게 된다. 얼핏 보면

대단히 간단할 수도 있는 개념이지만 이는 결국 컴퓨터의 근본을 표현한 것이었으며, 이는 폰 노이만 아키텍처에도 영향을 주어 결국은 현대 컴퓨터의 기본 구조를 결정짓게 된다. 이외에도 앨런 튜링은 '불완전성 정리의 증명', '튜링 테스트 제안' 등의 무수히 많은 업적을 남겼지만 암호 분야와는 관련이 없는 부분이라 다음 기회에 자세히 소개할 수 있도록 하겠다.

[사진 20] 앨런 튜링 동상
출처 : https://commons.wikimedia.org/
wiki/File:Turing-statue-Bletchley_11.jpg

1966년에 미국 컴퓨터 학회(ACM, Association for Computing Machinery)에서는 앨런 튜링을 기리는 의미로서 튜링상(Turing Award)을 제정

하였다. 그리고 매년 세계의 컴퓨터과학에 큰 기여를 한 사람에게 해당 상을 수여해 오고 있다. 튜링상은 컴퓨터과학계의 노벨상과도 같은 권위를 지니며 누구나 꿈꾸는 선망의 대상으로 자리 잡고 있다. 뒤에서 설명하게 될 비대칭키 암호를 창시한 현대 암호의 혁명가들은 모두 다 빠짐없이 튜링상을 수상하였다. 월드 와이드 웹을 창시한 팀 버너스 리와 딥러닝의 아버지인 제프리 힌턴 등 컴퓨터과학의 선구자들 또한 대부분 튜링상을 수상했음은 물론이다. 이처럼 앨런 튜링의 흔적은 정보보안 그리고 컴퓨터과학의 세계 도처 어디에나 남아 있다.

클로드 섀넌

앨런 튜링이 고안한 튜링 머신은 진정한 의미의 컴퓨터의 등장을 예고하는 것이었고, 이는 암호의 역사는 물론 IT 전체의 역사에서 가장 중요한 사건이라고 말할 수 있다. 그런데 앨런 튜링에 이어 또 한 명의 괴물과도 같은 천재가 나타나 기존의 컴퓨팅 체계를 한층 더 발전시키는데, 그가 바로 클로드 섀넌(Claude Shannon)이다. 클로드 섀넌은 정보이론의 아버지로서 정보 엔트로피라는 개념을 창안하였으며 컴퓨터의 기본

[사진 21] 클로드 섀넌(Claude Shannon)
출처 : https://commons.wikimedia.org/
wiki/File:Enigma_(crittografia)_-_Museo_
scienza_e_tecnologia_Milano.jpg

단위에 해당하는 비트(bit) 개념 또한 최초로 창시하였다. 그는 암호학에서도 획기적인 공헌을 하였는데 약간의 과장을 보태서 현대 암호학의 주요 개념들에는 모두 그의 흔적이 깃들어 있다고 해도 과언이 아닐 정도로 많은 업적을 남겼다.

이제부터 다소 어려울 수도 있는 여러 암호학 개념들을 간단히 소개할 텐데, 해당 개념들은 넓은 의미로서 정보이론의 연장이라고 본다면 쉽게 접근할 수 있을 것이다. 클로드 섀넌은 정보이론의 창시자로서 암호 또한 정보이론의 관점에서 바라보았고, 이와 같은 과정을 통해 여러 새로운 개념들을 도출할 수 있었다. 정보이론이란 결국 송신자와 수신자 사이에 존재하는 채널을 통해 메시지를 효율적이고 안정적으로 전달하기 위한 과정을 연구하는 학문이라고 할 수 있는데, 이는 큰 맥락에서 암호학과도 긴밀히 연결된다고 할 수 있다. 왜냐하면 암호학 또한 동일하게 메시지를 안전하게 전달하기 위한 고유의 목적을 가지고 있기 때문이다. 클로드 섀넌이 암호학에 기여한 무수히 많은 업적 중 중요한 것을 꼽자면 바로 혼돈(Confusion)과 확산(Diffusion)이라는 개념을 정립한 것이라고 할 수 있다. 둘 다 간단히 설명하자면 혼돈은 키와 암호문 사이의 관계를 숨기는 것이며, 확산은 평문과 암호문 사이의 관계를 숨기는 것이라고 할 수 있다. 혼돈과 확산은 현대 암호의 설계에 있어서 중요하게 고려되는 핵심 원칙이라고 할 수 있으며 스트림 암호나 블록 암호 등의 주요 설계 이론으로 적극 활용 중에 있다.

현대 암호의 여러 유형 중에는 블록 암호라는 것이 존재하는데 이는 여러 비트의 묶음에 해당하는 블록 단위로 암호화와 복호화를 수행하는 암호 체계를 의미한다. 블록 암호는 DES나 AES 등과 같은 표준 알고리즘으로 구현되어 적극 사용되고 있다. 그런데 클로드 섀넌은 이와 같은 블록 암호의 개념 정립에도 결정적으로 기여하였다. 그는 블록 암호의 전신에 해당하는 프로덕트 암호라는 개념을 최초로 정립하였고 이전에 설명했던 스키테일 암호로 대표되는 전치(Permutation)와 시저 암호로 대표되는 치환(Substitution)의 반복 적용을 통해 보안성을 강화하는 기본적인 방향 또한 제시하였다. 이외에도 클로드 섀넌은 One Time Pad라는 스트림 암호의 절대적 안전성을 증명하는 등 암호학에 있어서 무수히 많은 업적들을 남겼지만 모두 다 언급하자면 밤을 새워도 모자란 관계로 설명을 생략할 수밖에 없음에 양해를 구한다.

클로드 섀넌은 앨런 튜링과 마찬가지로 하나의 새로운 세계를 창시하고 발전시킨 위대한 인물이라고 할 수 있다. 클로드 섀넌은 앨런 튜링이 사망한 후에도 약 50여 년간 더 활동하며 컴퓨터과학을 포함한 여러 분야에서 많은 업적을 남겼지만 결국 튜링상을 수상하지는 못하였다. 그 이유는 클로드 섀넌 자체가 사실상 앨런 튜링과 거의 대등한 인물이기 때문이며, 클로드 섀넌 상이 따로 존재할 정도의 창시자의 레벨에 해당하는 인물이기 때문이다. 앨런 튜링을 제우스에 비유한다면 클로드 섀넌은 포세이돈에 빗대더라도 결코 틀린 말은 아닐 것이다. 위에서 설명했던 여러 암호학 개념들은 정보보안 서적이나 암호학 서적을 펼치면 항상 빠짐없이 등장하는 주요 개념들인데, 여기에는 모두 클로드 섀넌의 숨결이 깃들어 있다. 클로드 섀넌은 흔히 수학적 암호의 아버지라고 불리고 있지만, 여기에서 더 나아가 현대적 암호 체계의 아버지라고 불러도 결코 손색이 없는 인물이라 감히 단언하고 싶다.

대칭키 알고리즘과
비대칭키 알고리즘

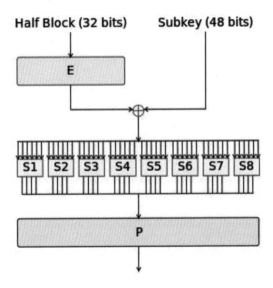

[사진 22] DES 알고리즘 구조
출처 : 위키백과

클로드 섀넌이 정립한 혼돈과 확산의 개념은 블록 암호의 설계 원리로서 적극 활용되게 된다. 블록 암호는 전 세계적으로 굉장히 널리 이용되는데 지금의 미국 표준기술연구소(NIST, National Institute of Standards and Technology)에 해당하는 미국 국립표준국(NBS, National Bureau of Standards)에 의해 DES(Data Encryption Standard)라는 표준이 정립되면서 확산의 기폭제가 되었다. DES는 56비트라는 비교적 짧은 키 길이로 인해 보안 취약점에 노출되는 등의 각종 논란을 겪었지만 나중에 AES(Advanced Encryption Standard)라는 향상된 표준이 탄생하면서 블록 암호는 계속 명맥을 이어 가게 된다.

그런데 블록 암호에는 한 가지 해결하기 힘든 치명적인 문제점이 있었다. 기본적으로 블록 암호는 대칭키 알고리즘을 근간으로 한다. 대칭키 알고리즘이란 암호화를 할 때 사용하는 키와 복호화를 할 때 사용하는 키가 동일한 알고리즘을 의미한다. 우리가 일상생활에서 이용하는 자물쇠와 원리가 동일하다. 하지만 여기서 가장 큰 이슈는 키를 안전하게 전달할 수 있는 방법이 필요하다는 것이다. 키는 네트워크를 통해 전달이 되는데 해커에 의해 중간에 키가 탈취된다면 사실상 모든 것이 뚫리게 된다. 따라서 키를 단순히 평문 그대로 전달할 수는 없을 것이고 한 번 더 암호화를 해서 전달하는 방법을 선택할 수밖에 없을 것이다. 하지만 조금만 곰곰이 생각해 봐도 이 방법은 말이 안 된다는 것을 알 수 있는데, 설령 암호화해서 전달한다고 하더라도 어차피 또 그 암호화에 사용된 키를 전달해야 하므로 끝이 없는 순환에 빠지게 된다. 그렇다면 이런 골치 아픈 상황을 도대체 어떻게 타개할 수 있을까?

여기서 바로 비대칭키 알고리즘이 구원투수로 등장하게 된다. 비대칭키 알고리즘이란 암호화를 할 때 사용하는 키와 복호화를 할 때 사용하는 키가 다른 알고리즘을 의미한다. A로 암호화를 하면 오직 B로만 풀 수 있으며 A로는 암호를 풀 수 없다. 따라서 A는 유출이 되더라도 상관이 없으며, 받는 사람이 B만 제대로 보관한다면 그 누구도 절대로 암호를 풀 수 없다. 서로 간에 키를 전달하는 과정 자체도 필요가 없다. 솔직히 직관적으로 잘 이해가 되지 않는 메커니즘이지만, 이런 놀라운 것도 있구나 정도로 받아들이길 권고한다. 왜냐하면 뛰어난 보안 전문가들도 처음에는 어색하게 생각하다가 실무에서 자주 사용하고 익숙해지면서 자연스럽게 받아들이는 부분이기 때문이다.

현재 존재하는 대부분의 보안 인프라는 비대칭키 알고리즘을 근간으로 한다고 과언이 아닐 정도로 중요한 비중을 차지한다. 비대칭키 알고리즘은 휫필드 디피(Whitfield Diffie)와 마틴 헬만(Martin Hellman)이라는 두 명의 암호학자에 의해 탄생하게 되는데, 그들의 천재적인 역량으로 만들어진 인류의 생활을 바꿀 만한 절대적 기여라고 할 수 있다. 암호학의 역사에 길이 남게 될 최초의 비대칭키 알고리즘은 그들의 이름을 따서 디피-헬만 알고리즘으로 불리게 된다. 하지만 그들의 업적이 갑자기 하늘에서 뚝 떨어진 것은 결코 아니다. 그들 스스로도 밝힌 바와 같이 비대칭키 알고리즘은 클로드 섀넌의 수학적 암호학으로부터 큰 영향을 받아 탄생하였다. 디피-헬만 알고리즘은 이산대수 문제의 어려움에 근간하여 설계되었으며, 암호학과 수학의 아름다운 결합의 산물이라고 할 수 있다. 디피와 헬만은 컴퓨터과학에 지대한 공헌을 하였기에 둘 다 튜링상을 수상하였음은 물론이다.

디피와 헬만에 의해 최초로 정립된 비대칭키 알고리즘은 이후 소인수분해와 관련된 수학적 원리에 근간하여 한층 더 진화하여 RSA 알고리즘으로 발전하게 된다. RSA라는 명칭은 세 명의 창시자들 이름의 앞 글자를 딴 것인데 각각 론 리베스트(Ron Rivest), 아디 셰미르(Adi Shamir), 레오나르드 아델만(Leonard Adleman)에 해당한다고 할 수 있다. 이들 또한 튜링상을 수상하였

[사진 23] 휫필드 디피
(Whitfield Diffie),
Attribution: The Royal Society
출처 : https://en.wikipedia.org/
wiki/Whitfield_Diffie#/media/
File:Whitfield_Diffie_Royal_Society.jpg

는데, 비대칭키 알고리즘의 혁명적인 영향력을 실로 느낄 수 있는 부분이다. 비대칭키 알고리즘은 SSL/TLS, PKI, 블록체인 등 수없이 많은 여러 보안 인프라의 근간이 되는 원리로서 우리 곁을 지키는 파수꾼으로 묵묵히 존재하고 있다.

양자 컴퓨팅

비대칭키 알고리즘은 가히 암호의 종결자라고 부를 만하다. 무엇보다도 암호화를 하는 키와 복호화를 하는 키가 다르다는 것은 놀라운 발상의 전환이라고 할 수 있다. 애초에 키를 교환할 필요가 없도록 만들어 주는 혁명적인 아이디어이기 때문이다. 이에 더하여 비대칭키 알고리즘은 이를 뚫으려면 슈퍼 컴퓨터로도 수만 년 이상이 걸릴 정도로 탁월한 보안성을 자랑한다. 비대칭키 알고리즘은 통신에 있어서 절대적인 안정성을 제공해 주기에 정보보안의 황태자라고 말하더라도 결코 지나친 표현이 아닐 것이다. 비대칭키 알고리즘이 없었다면 전자상거래, 클라우드, 모바일, 사물인터넷 등의 IT 혁명은 존재할 수 없었을 것이며 지금과 같은 4차 산업혁명의 시대 또한 결코 탄생할 수 없었을 것이다.

그런데 최근 이와 같은 비대칭키 알고리즘을 위협하는 존재가 대두하고 있는데, 이는 바로 양자 컴퓨팅이다. 양자 컴퓨팅은 슈퍼 컴퓨터로 1만 년 이상 걸리는 문제도 단 수 초 만에 해결할 수 있는 궁극의 컴퓨팅 기술

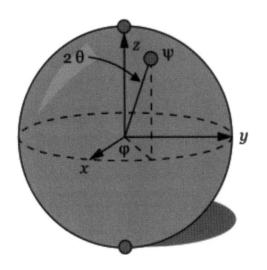

[사진 24] 큐비트(Qubit) 개념도, Attribution:
MuncherOfSpleens
출처 : https://commons.wikimedia.org/wiki/
File:Blochsphere.svg

이다. 클로드 섀넌이 정립한 비트(bit)에는 기본적으로 0과 1이라는 두 가지 상태만 존재하는데 이는 전통적인 컴퓨팅 세계의 기본 원자에 해당한다고 할 수 있다. 그런데 양자 컴퓨팅에는 0과 1 이외에도 '0과 1의 중첩'이라는 기상천외한 상태 또한 존재한다. 이와 같은 양자 컴퓨팅의 기본 원자 단위를 큐비트(Qubit)라고 하는데, 양자 컴퓨팅이 엄청난 연산력을 발휘할 수 있는 근간으로 작용한다. 양자 컴퓨팅을 이해하려면 양자 역학에 대한 근본적인 학습이 필요한데 이토록 짧은 지면에서 양자 역학을 제대로 설명하기란 사실상 불가능에 가깝다. (지면을 핑계로 필자의 모자란 지식을 무마하려는 측면도 물론 존재한다.) 무모한 설명을 시도하는 대신 양자 컴퓨팅을 가장 직관적으로 이해할 수 있는 좋은 표현이 있어 이를 소개하고자 한다. '쌀과 돌을 골라낼 때 슈퍼 컴퓨터가 빠르게 한 알 한 알 골라낸다면, 양자 컴퓨터는 간단하게 채로 치는 것에 비유할 수 있다.'

양자 컴퓨팅은 아직까지는 안정성이 다소 확보되지 않아 상용화에는 좀 더 시일이 걸릴 것으로 예상된다. 하지만 멀지 않은 미래에 양자 컴퓨팅이 본격적인 상용화에 접어든다면 현재의 비대칭키 알고리즘은 결코 보안성을 담보할 수 없게 될 것이다. 특히 소인수분해 문제를 근간으로 설계된 RSA 알고리즘의 경우 가장 큰 위험에 직면하게 되고, 이는 전 세계의 보안 인프라에 치명적인 문제를 야기하게 된다. 따라서 이에 대한 대비가 반드시 필요하며 이를 위해 현대의 암호학자들은 양자 컴퓨팅으로부터 안전한 차세대 암호 알고리즘을 적극 연구하고 있다. 현재 가장 주목할 만한 후보 알고리즘으로는 격자 기반 암호, 코드 기반 암호, 다변수 기반 암호, 해시 기반 암호, 아이소제니 기반(Isogeny-based) 암호 등을 들 수 있다. 이와 같은 여러 암호들을 전문용어로 양자 내성 암호(Post-Quantum Cryptography)라고 부른다.

암호의 미래

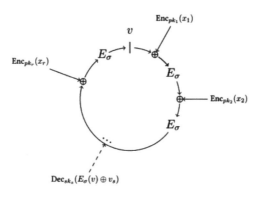

[사진 25] 동형 암호 원리

출처 : 위키백과

드디어 암호 이야기의 막바지에 도달했다. 이집트 신성문자부터 시작하여 양자 컴퓨팅에 이르기까지 참으로 오랜 시간을 여행하였다. 긴 여행 끝에 우리가 깨달을 수 있는 사실은 첫 부분에서 이야기했던 것과 크게 다르지 않을 것이다. 암호는 결국 정보를 보호하기 위해 등장했다는 것과 문명이 발전하면서 정보의 중요성은 더욱 커지기에 암호 또한 더불어 함께 발전한다는 것이다. 1,200여 년 전 아랍 세계에서 과학 문명의 번영이 없었다면 알 킨디의 암호 분석은 탄생할 수 없었을 것이다. 2차 세계대전이라는 전대미문의 전쟁이 없었다면 에니그마와 같은 난공불락의 암호 장치는 적극 활용되지 않았을 것이다. 그리고 이를 해독했던 앨런 튜링이라는 천재 또한 등장할 수 없었을 것이다. 암호는 결국 역사의 흐름과 궤를 같이하면서 지속적으로 발전하고 변화를 거듭하는 문명의 산물이라고 할 수 있다.

그렇다면 앞으로의 암호의 미래는 어떻게 흘러가게 될까? 이는 역사와 문명의 흐름을 근간으로 어느 정도 유추해 볼 수 있을 것이다. 가장 먼저 앞서 이야기했던 양자 내성 암호의 적극적인 활용을 예상할 수 있다. 양자 컴퓨팅은 4차 산업혁명의 핵심 기술로서 머지않은 미래에 반드시 상용화가 될 것이다. 따라서 이에 대비한 새로운 암호 체계의 확립은 반드시 필수라고 할 수 있다. 양자 내성 암호의 후보 알고리즘으로는 앞서 설명했던 격자 기반 암호, 코드 기반 암호, 아이소제니 기반(Isogeny-based) 암호 등이 존재한다. 그런데 이 중에서도 격자 기반 암호가 가장 주목할 만한 가치가 있는데 암호화가 된 상태로도 사칙 연산이 가능한 동형 암호의 근간으로도 동작하기 때문이다.

동형 암호를 이용하면 평문이 아닌 암호화가 된 상태로도 덧셈, 뺄셈, 곱셈, 나눗셈의 사칙 연산이 가능한 마법과도 같은 일이 발생한다. 이를 통해 암호화와 복호화를 반복적으로 수행하는 등의 여러 위험한 과정이 없는 진정한 의미로서 안전한 연산의 수행이 가능하며 개인정보 이슈 등으로부터 자유로운 컴퓨팅의 시대가 열릴 수 있다. 이는 클라우드 컴퓨팅이 확산되고 있는 4차 산업혁명의 시대에 반드시 필요한 기술이라고 할 수 있다. 이에 따라 동형 암호를 비대칭키 암호에 이어서 새롭게 등장한 차세대 암호로 표현하기도 한다. 서울대 천정희 교수 등이 이끄는 한국의 혜안(HEaaN) 알고리즘이 현재 동형 암호를 선도하고 있다. 한국 ICT의 밝은 미래를 엿볼 수 있는 부분이다.

마지막으로 경량 암호의 광범위한 활용 또한 예상할 수 있다. 사물인터넷은 4차 산업혁명의 핵심으로서 초소형 센서부터 엣지 컴퓨팅에 이르기까지 모든 영역을 아우르게 될 것이다. 따라서 아무리 사소한 주변의 자그마한 사물도 네트워크로 연결되게 될 것이며 이에 따라 암호화 또한 필수적으로 요구되게 될 것이다. 이로 인해 소형 디바이스에서도 원활하게 동작할 수 있는 경량 암호는 반드시 필수적인 기술이라고 할 수 있다. 경량 암호 알고리즘의 유형으로는 LEA(Lightweight Encryption Algorithm), HIGHT(HIGh security and light weigHT) 등이 존재하는데 이 또한 한국이 국제 표준화를 선도하고 있어 앞으로의 밝은 미래를 기대할 수 있을 것이다.

이와 같이 현대 암호는 4차 산업혁명이라는 거대한 역사의 흐름을 타고 새로운 방향으로 계속 발전을 거듭하고 있다. 과거에도 그러했듯이 암호는 문명의 흐름에 따라 끊임없는 변화를 거듭할 것이다. 이에 대한 방향을 설정하는 것은 인류가 고민해야 할 과제이자 중대한 의무라고 할 수 있다. 앞으로의 암호의 미래가 어떻게 흘러갈지 상상하는 것만으로도 벌써부터 설렌다. 이는 곧 인류의 미래에 대해 거는 기대이기도 하다.

2

악성코드

악성코드의 기원

가끔 프로그래머는 마법사와 비슷한 것 같다는 생각을 한다. 소스 코드라는 마법의 주문을 통해 사이버 세계를 자유자재로 주무를 수 있기 때문이다. 게다가 최근 사이버 세계와 물리 세계가 연결이 되는 경우가 점차 많아지면서 소스 코드는 현실 세계까지도 영향을 미치게 된다. 스마트 팩토리, 스마트 시티, 자율주행차 등이 대표적인 사례라고 할 수 있다. 키보드로 코딩을 하는 것과 지팡이로 마법의 주문을 외우는 것이 똑같아지는 세상이 점점 다가오고 있는 것 같다. 해리 포터에 나오는 모든 일들이 머지않은 미래에 전부 현실화가 될 수도 있겠다는 생각 또한 든다.

그런데 모든 것에는 빛이 있으면 그림자도 있는 것처럼 소스 코드 또한 어두운 면이 존재한다. 대표적인 사례로 악성코드를 들 수 있다. 악성코드는 일종의 흑마법과도 같다. 마법이 모든 것을 화려하게 만들어 주는 빛의 세상이라면 흑마법은 모든 것을 파멸로 이끄는 그림자의 세상이다. 악성코드로 인해 오작동이 유발되어 인명 사고가 발생할 수 있으며 소중한 재산이 해커에 의해 탈취되는 등 여러 부작용이 생길 수 있다. 무엇보다도 사람의 생명과 재산에 직결되는 문제이기에 악성코드에 대한 철저한 대응은 반드시 필요하다. 그리고 정보보안을 이해하기 위해서는 악성코드가 무엇인지에 대한 명확한 이해는 필수라고 할 수 있다.

악성코드의 가장 대표적인 사례는 컴퓨터 바이러스이다. 컴퓨터 바이러스의 가장 큰 특징은 전염성이라고 할 수 있는데 자연 세계가 아닌 컴퓨터의 세계에서도 감염과 자기복제가 이뤄진다는 것은 대단히 흥미로운 일이라고 할 수 있다. 이러한 악성코드의 특성을 가장 먼저 예견한 사람은 그 이름만으로도 유명한 존 폰 노이만(John von Neumann)이다. '폰 노이만 아키텍처의 창시자'로도 유명

[사진 26] 존 폰 노이만
(John von Neumann)
출처 : Los Alamos National Laboratory

한 그는 1950년대에 셀룰러 오토마타(Cellular Automata)라는 개념을 창안하여 자기복제 코드의 존재 가능성을 예견하였다.

오토마타란 쉽게 말해 자동 기계라고 할 수 있는데, 앞서 암호편에서 이야기했던 튜링 머신 또한 오토마타의 일종이라고 할 수 있다. 결국 악성코드는 컴퓨터가 있어야만 그 존재가 성립할 수 있다고 할 수 있으며, 보

편 튜링 머신 내에서 동작하는 또 하나의 오토마타라고 이해할 수 있다. 각각의 오토마타는 세포(Cell)에 해당한다고 할 수 있는데, 주변의 이웃 세포들에 영향을 주며 스스로를 복제하게 된다. 악성코드는 개인용 컴퓨터가 대중적으로 보급되고 웹이 탄생하는 1980년대 이후부터 본격적으로 두각을 나타내기 시작하지만, 인류 최초의 악성코드는 그보다 좀 더 이른 1971년에 등장한다.

크리퍼 웜

인류 최초의 악성코드는 1971년에 등장한다. 이는 굉장히 이른 시기라고 할 수 있는데, 아직 개인용 컴퓨터와 인터넷이라는 개념조차 없었던 시절이었기 때문이다. 애플 컴퓨터도 등장하지 않았으며 월드 와이드 웹도 없었던 시대이다. 하지만 '태양 아래 새로운 것은 없다'라는 명언처럼 최초의 악성코드와 최초의 백신 또한 이 시기에 그 원형이 등장하게 된다. 그리고 이후에 등장하는 모든 악성코드와 백신의 시조가 된다. 아파넷(ARPANET)이라는 네트워크를 무대로 크리퍼 웜(Creeper Worm)이라는 최초의 악성코드와 리퍼(Reaper)라는 최초의 백신이 등장한 것이다. 아파넷은 미국 국방부와 산하 기관 그리고 일부 대학들만 이용할 수 있었던 네트워크로서 나중에 인터넷의 모태가 되는 중요한 통신망이다.

크리퍼 웜은 밥 토마스(Bob Thomas)라는 개발자가 만든 악성코드로서 '내가 크리퍼다. 잡을 수 있으면 잡아 봐라!(I'm the creeper, catch me if you can!)'라는 메시지를 출력하는 것이 특징이다. 스스로를 원격 시스

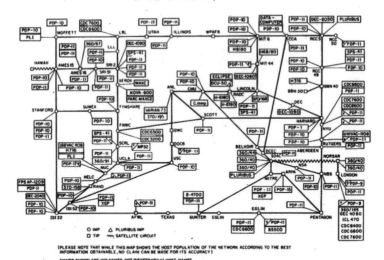

[사진 27] 크리퍼 웜이 활동했던 무대인 아파넷 네트워크 논리맵

출처 : https://commons.wikimedia.org/wiki/File:Arpanet_logical_map,_march_1977.png

템에 복사하고 끊임없이 증식하였지만 다른 프로그램에는 기생하지 않는 웜(Worm)의 시조라고 할 수 있다. 웜이 바이러스와 다른 점은 숙주가 되는 프로그램에 기생을 하지 않고도 독자적으로 동작할 수 있다는 것인데, 한 마디로 악성코드 중 가장 지독한 존재라고 할 수 있다.

크리퍼 웜은 앞서 설명한 것처럼 약을 올리는 메시지를 출력하고 아파넷을 경유하면서 자기복제를 통해 증식하였지만 특별히 악의적인 행동은 하지 않았다. 단순히 밥 토마스가 만든 실험적인 자기복제 프로그램에 해당하였다. 하지만 재미있게도 당시 이를 제거하기 위한 솔루션까지 등장하였는데, 이는 인류 최초의 백신에 해당한다. 바로 레이 톰린슨(Ray Tomlinson)에 의해 만들어진 리퍼(Reeper)라는 프로그램이다. 크리퍼 웜과 리퍼는 인류 최초의 악성코드와 백신으로서 정보보안의 명예의 전당에 영원히 기억될 것이다.

브레인 바이러스

　개인용 컴퓨터가 보급되고 월드 와이드 웹이 탄생하는 1980년대 이후부터 악성코드는 적극적으로 맹위를 떨치게 된다. 그 시작의 총성을 울린 것이 바로 브레인 바이러스이다. 브레인 바이러스는 1986년에 탄생한 인류 최초의 바이러스로서 커다란 의미가 있는 상징적인 존재이다. 물론 그 자체를 결코 긍정적인 의미로 칭송할 수는 없겠지만 말이다. 브레인 바이러스는 자신들이 만든 소프트웨어가 불법 복제되는 것에 분노한 파키스탄의 앰자드 알비와 배시트 알비 형제에 의해 만들어졌다. 당시는 5.25인치 플로피 디스크를 통해 프로그램이 배포되었는데 해당 디스크의 부트 섹터 감염을 통해 바이러스가 전파되었다.

　브레인 바이러스에 감염되면 부팅 시간이 느려지고 기억 장소의 용량이 감소하는 등 여러 이상 증상이 발생한다. 브레인 바이러스는 한국에서 1988년에 처음 발견되는데 이에 대응하기 위해 안철수 박사가 지금의 V3의 전신에 해당하는 백신(Vaccine)을 개발하게 된다. 바이러스를 치료하는 프로그램은 당시 의학도였던 안철수 박사에 의해 백신이라는 이름으로 명명되었는데 해당 이름은 한국에서는 거의 표준에 가까울 정도로 확산된다. 하지만 사실 세계적으로는 안티 바이러스(Anti-Virus)가 공식적인 표현에 해당한다. 이처럼 브레인 바이러스는 한국 보안의 역사를 태동시킨 상징적인 존재이기도 하다.

브레인 바이러스가 탄생하기 전후의 해당 시점은 한국의 안철수를 비롯하여 미국의 존 맥아피(John McAfee) 등 안티 바이러스 업계의 선구자들이 적극적으로 활동하기 시작한 시기이다. 백신의 역사가 시작된 시기이기도 한 것이다. 바이러스는 앞서 소개한 웜과는 달리 특정 프로그램에 기생하는 형태로 존재하면서 무한히 전파되는 특성을 지닌다. 개인용 컴퓨터의 확산으로 인해 전 세계의 모든 컴퓨터가 숙주가 될 수 있으며 월드 와이드 웹의 확산으로 인해 세계 자체가 공기와도 같이 연결이 되게 된다. 크리퍼 웜과 리퍼가 일찍이 예견했던 것과 같이 악성코드와 백신 사이의 무한한 전쟁이 열리는 세계가 바야흐로 등장한 것이다.

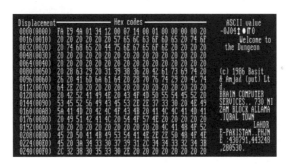

[사진 28] 브레인 바이러스에 감염된 플로피 디스크의 부트 섹터
출처 : https://commons.wikimedia.org/wiki/File:Brain-virus.jpg

트로이 목마

안철수 박사가 안티 바이러스를 백신이라고 명명한 것은 상당히 참신한 발상이다. 그런데 이와 더불어 악성코드의 세계에서 트로이 목마라는 역사 속의 개념이 등장한 것 또한 상당히 놀라운 일이라고 할 수 있다. 이보다 더 적절히 묘사할 수 있을까 싶을 정도의 차용이라고 할 수 있는데 분야를 넘나드는 크로스 오버는 대부분 혁신적인 발상을 낳는다는 것을 다시 한번 확인할 수 있는 단면이기도 하다.

약 3,000여 년 전 지지부진했던 트로이 전쟁에서 트로이군은 갑작스럽

[사진 29] 영화 〈트로이〉에서
재현된 트로이 목마
출처 : https://commons.wikimedia.org/
wiki/File:Replica_of_Trojan_Horse_-_
Canakkale_Waterfront_-_Dardanelles_-_
Turkey_(5747677790).jpg

게 거대한 목마를 선물로 받게 된다. 그런데 이를 진짜 선물인 줄 착각하고 성 안으로 들이고 술판을 벌이는 동안 목마 안에 있던 그리스군이 밖으로 나와 트로이를 기습하여 장악하게 된다. 이와 같은 전설적인 트로이 목마 신화는 악성코드 트로이 목마의 특성을 그 어떤 것보다 잘 나타낸다. 트로이 목마란 겉으로는 멀쩡하게 보이는 프로그램이지만 배후로는 악의적인 행동을 하는 악성코드를 의미한다. 앞서 설명했던 바이러스와 웜과 더불어 악성코드의 주요 3가지 종류 중 하나에 해당하기도 한다.

트로이 목마라는 용어를 누가 맨 처음 고안하고 사용했는지는 명확하게 알려져 있지는 않다. 다만 1971년 경부터 트로이 목마라는 용어가 매뉴얼 등의 문서에서 명시적으로 사용되기 시작하였다. 최초의 트로이 목마는 크리퍼 웜보다도 더 오래된 1951년까지 거슬러 올라간다. 최초의 상업용 컴퓨터인 유니박(UNIVAC)에서 동작한 애니멀(ANIMAL)이라는 프로그램인데 스무고개를 통해 사용자가 좋아하는 동물을 맞히는 게임이었다. 당시 워낙 인기가 많아서 복사본을 요청하는 사람이 너무 많아 자기 복제를 통해 여러 디렉터리에 스스로를 복사하였다. 복사본을 요청하면 그냥 디렉터리를 확인하라고 말하면 되었기 때문이다. 특별히 악의적인 행동은 하지 않아 악성코드라고 보기는 힘들 수도 있지만 겉으로는 멀쩡하지만 실제로는 다른 행동을 하였기에 트로이 목마의 시초로 평가할 수 있다.

출처가 불분명한 프로그램을 실행할 경우 일단은 잘 구동되기에 안심하고 이용하게 된다. 하지만 배후에서는 소중한 개인정보를 유출한다든지, 암호화폐를 채굴한다든지 등의 여러 악의적인 행동을 할 수 있다. 이게 바로 트로이 목마의 무서움이라고 할 수 있다. 트로이 전쟁에서 패배한 트로이군의 전철을 밟지 않기 위해 우리 모두 매 순간 여러 달콤한 목마들을 경계하며 결코 방심해서는 안 될 것이다.

모리스 웜

앞서 소개한 악성코드들은 모두 최초의 존재로서 상징적인 의미가 있다. 하지만 파급력은 다소 제한적이었다고 할 수 있다. 브레인 바이러스는 국제적으로 널리 확산되기도 했지만 지금의 랜섬웨어와 같은 엄청난 파괴력을 지니지는 못하였다. 이는 당시의 시대적 배경과 기술적 한계 등에 따른 제약이라고 할 수 있다. 하지만 이러한 제약도 뛰어넘어 상당한 영향력을 행사한

[사진 30] 모리스 웜의 창시자인 로버트 모리스(Robert Morris), Attribution : Trevor Blackwell
출처 : https://commons.wikimedia.org/ wiki/File:Robert_Tappan_Morris.jpg

전설의 악성코드가 1988년에 등장하였는데, 당시 전 세계 인터넷의 10% 가까이를 마비시켰으며 이를 기점으로 정보보안이라는 것이 본격적으로

실체화가 되었을 정도이다. 이와 같은 엄청난 영향력을 지닌 악성코드의 이름은 바로 모리스 웜(Morris Worm)이다.

모리스 웜은 코넬대학의 대학원생이었던 로버트 모리스(Robert Morris)에 의해 제작되었다. 단순히 인터넷의 크기를 알고자 하는 순수한 호기심으로 자기 복제를 할 수 있는 웜을 개발하여 네트워크로 전파시킨 것이 시발점이 되었다. 그러나 제작 과정에서의 코딩 실수로 인해 본래의 의도와는 다르게 웜이 기하급수적으로 전파되었고 여러 주요 기관에 서비스 거부 공격 등을 야기하게 되었다. 모리스 웜은

[사진 31] 캘리포니아에 있는 컴퓨터 역사 박물관에 전시된 모리스 웜이 담긴 디스크, Attribution : Go Card USA
출처 : https://commons.wikimedia.org/wiki/File:Morris_Worm.jpg

NASA, 미국 국방부, 하버드대학, MIT 등 주요 시설들의 서버에 치명적인 영향을 주었고 약 6,000대 이상의 주요 유닉스 서버를 감염시켰다. 당시 끼친 경제적인 피해만 약 10만 달러에서 100만 달러 사이로 추정되기도 한다.

로버트 모리스는 본의 아니게 엄청난 해악을 끼쳤지만 고의성이 없었

다는 판결을 받아 보호관찰 3년과 사회봉사 400시간 등의 경감된 처벌을 받았다. 그리고 지금은 MIT의 종신 교수로 재직 중에 있다. 모리스 웜은 당시의 평온했던 컴퓨터의 세상과 인터넷의 세계에 악성코드가 끼칠 수 있는 엄청난 영향력을 일깨워 준 최초의 존재라고 할 수 있다. 그래서 모리스 웜은 위대한 웜(Great Worm)으로도 불리는데 이를 기점으로 정보보안에 대한 중요성이 부각되었기 때문이다. 쉽게 말해 정보보안 산업 자체가 모리스 웜을 기점으로 태동하였다고 하여도 과언이 아닐 정도다.

막는 자와 뚫는 자의 싸움인 정보보안의 세계는 역설적이게도 뚫는 자의 영향력이 없다면 그 존재 자체가 부각되지 않는다. 소 잃고 외양간을 고치는 사례가 거듭 반복이 되는 것도 그러한 이유 때문이다. 하지만 매번 큰 사고를 겪고 나서 후속 대응만 한다면 그 비용은 사전 예방에 비해 현저히 크다고 할 수 있으며, 영원히 회복되지 못할 파괴로 치달을 수도 있을 것이다. 우리는 항상 다시 등장할 수도 있는 제2의 모리스 웜을 대비하여 선제적 대응과 예방에 최선을 다해야만 한다. 캘리포니아에 있는 컴퓨터 역사 박물관에 모리스 웜의 소스 코드가 담긴 플로피 디스크가 고이 전시되어 있는 것처럼 우리의 마음속에 위대한 웜을 항상 기억하고 잊지 말아야 한다.

백도어, 루트킷

```
                           Terminal
-rwxr-xr-x 1 sys    52850 Jun  8 1979 hptmunix
drwxrwxr-x 2 bin      320 Sep 22 05:33 lib
drwxrwxr-x 2 root      96 Sep 22 05:46 mdec
-rwxr-xr-x 1 root   50990 Jun  8 1979 rkunix
-rwxr-xr-x 1 root   51982 Jun  8 1979 rl2unix
-rwxr-xr-x 1 sys    51790 Jun  8 1979 rphtunix
-rwxr-xr-x 1 sys    51274 Jun  8 1979 rptmunix
drwxrwxrwx 2 root      48 Sep 22 05:50 tmp
drwxrwxr-x12 root     192 Sep 22 05:48 usr
# ls -l /usr
total 11
drwxrwxr-x 3 bin     128 Sep 22 05:45 dict
drwxrwxrwx 2 dmr      32 Sep 22 05:48 dmr
drwxrwxr-x 5 bin     416 Sep 22 05:46 games
drwxrwxr-x 3 sys     496 Sep 22 05:42 include
drwxrwxr-x10 bin     528 Sep 22 05:43 lib
drwxrwxr-x11 bin     176 Sep 22 05:45 man
drwxrwxr-x 3 bin     208 Sep 22 05:46 mdec
drwxrwxr-x 2 bin      80 Sep 22 05:46 pub
drwxrwxr-x 6 root     96 Sep 22 05:45 spool
drwxrwxr-x13 root    208 Sep 22 05:42 src
# ls -l /usr/dmr
total 0
#
```

[사진 32] 유닉스(Unix) 운영체제 터미널(Terminal)
출처 : 위키백과

모리스 웜이 등장한 이후 미켈란젤로 바이러스, 아이러브유 웜 등 다양한 악성코드가 세상에 등장하고 맹위를 떨치게 된다. 하지만 그 많은 악성코드들도 결국은 3개의 범주 내에서 분류가 가능하다고 할 수 있는데, 앞서 소개한 바이러스, 트로이 목마, 웜이 바로 대표적인 3대 악성코드라고 할 수 있다. 그러나 최근에는 악성코드의 행동이 너무 복잡해지고 다변화되어 단순히 3가지 분류로 설명하기에는 그 특징을 명확히 포착할 수 없는 문제가 발생하게 되었다. 이에 따라 수행 행동을 기준으로 악성코드를 조금 더 디테일하게 분류하는 것이 필요하게 되었고 이러한 기준에서 백도어, 루트킷, 랜섬웨어 등과 같이 보다 더 세부적인 기준으로 악성코드를 나눌 수 있게 되었다.

먼저 소개할 악성코드는 백도어(Back Door)인데 이름 그대로 뒷문이라고 할 수 있다. 제품을 최초로 만들 때 만든 사람 이외에는 절대 알 수 없도록 은밀하게 악성코드를 숨겨서 사용자 모르게 정보를 유출하는 등의 악의적인 행동을 할 수 있다. 말 그대로 뒷문으로서 마음대로 드나들 수 있는 통로에 해당하는 것이다. 백도어는 화웨이가 5G 장비에 백도어를 숨긴 것으로 의심받는 등 미중 분쟁의 일환으로서 대중적으로 널리 알려진 바 있다. 이외에도 해커들이 특정 서버를 공격한 후 언제든지 다시 쉽게 드나들 수 있도록 뒷문을 만들어 놓는 것도 백도어의 일종이라고 할 수 있다.

다음으로 소개할 루트킷(Rootkit)은 시스템에서 최고 권한을 가지고 있으면서도 쉽게 탐지할 수 없도록 은폐되어 활동하는 악성코드라고 할 수 있다. 유닉스 계열의 운영체제에서 최고 관리자 권한을 루트(root)라고 부르는데 여기에서 이름이 착안되었다. 악성코드가 시스템에서 최고 권한을 가질 수 있게 된다면 심각한 문제라고 할 수 있는데 악의적인 행동을 마음대로 할 수 있는 것은 물론 활동 흔적도 모조리 지울 수 있기 때문이다. 그리고 설령 백신이 해당 악성코드를 탐지해서 삭제한다고 하더라도 다시 부활할 수 있으며 심지어 삭제 자체가 불가능하게 만들 수도 있다. 이처럼 루트킷은 악성코드 중에서도 굉장히 지독한 유형에 속한다고 할 수 있다.

애드웨어, 스파이웨어

다음으로 소개할 악성코드는 애드웨어와 스파이웨어이다. 먼저 애드웨어에 대해 간단히 설명하도록 하겠다. 인터넷과 광고는 떼려야 뗄 수 없는 관계를 가지고 있다. 세계 정상급 빅테크 회사 중 하나인 구글의 매출 중에서 광고가 차지하는 비중은 무려 80% 이상이다. 한국의 대표 빅테크 기업인 네이버 또한 광고 매출의 비중이 약 50%에 달한다. 기업은 사용자에게 무료로 소

[사진 33] 구글 애즈 로고
출처 : https://commons.wikimedia.
org/wiki/File:Google_Ads_logo.svg

프트웨어를 제공하고 대신 광고 수입을 통해 이윤을 얻는 구조라고 할 수 있다. 이러한 형태의 소프트웨어를 통칭해서 애드웨어(Adware)라고 부른다. 그리고 넓은 범위에서 구글과 네이버가 제공하는 서비스 모두 애드

웨어의 일종이라고 할 수 있다.

이처럼 애드웨어 자체는 사실 악성코드라고 볼 수는 없다. 애드웨어가 문제가 되는 경우는 악의적으로 동작되는 경우에만 해당한다고 할 수 있다. 그리고 대부분의 악의적 애드웨어는 스파이웨어와 결합되어 동작된다. 스파이웨어(Spyware)는 사용자의 동의 없이 몰래 설치되어 스파이처럼 개인정보를 탈취하는 악성코드를 의미한다. 광고의 핵심은 결국 사용자의 개인정보라고 할 수 있는데, 이를 정상적인 동의 절차를 거치지 않고 불법으로 유출하며 광고에 악용하는 것이 스파이웨어의 주요 목적이라고 할 수 있다.

최근 SMS를 통해 파밍이나 피싱 같은 사기가 횡행하고 있는데 대부분은 터무니없는 수법들이기에 상식적인 수준에서 어느 정도는 필터링될 수 있다. 하지만 스파이웨어를 통해 유출된 개인정보를 기반으로 특정 개인을 타겟팅하여 사기가 진행된다면 똑똑한 사용자도 실제 상황으로 착각하게 될 정도로 성공 확률은 매우 높아진다. 이처럼 스파이웨어가 악성코드 혹은 해킹과 결합된다면 무섭고 끔찍한 결과를 낳을 수도 있다. 따라서 이 대목에서 다시금 개인정보 보호는 대단히 중요한 부분임을 강조하더라도 결코 지나치지는 않을 것이다.

제로데이 공격

[사진 34] 윈도우 OS 로고
출처 : https://commons.wikimedia.org/wiki/File:Windows_logo_and_
wordmark_-_2021.svg

만약 어느 해커가 이 세상에서 자기 혼자만 알고 있는 취약점을 우연히 발견하게 된다면 어떻게 될까? 기본적으로 보안 취약점이 발견되는 경우 이를 보완하기 위해서는 일정한 시간이 필요하다. 여러 엔지니어들이 머리를 맞대고 프로그램 수정 등을 진행해야만 하기 때문이다. 하지만 세상에서 혼자만 아는 취약점을 찾게 된다면 보완을 위한 시간 등은 무의미하다. 어차피 아무도 해당 취약점을 모르기 때문에 마음 내킬 때 언제든지 악용이 가능하기 때문이다. 이러한 취약점을 바로 제로데이 취약점이라고 한다. 이름 그대로 보완을 위한 시간조차 전혀 주어지지 않는(0일) 취약점이라고 할 수 있다.

제로데이 취약점은 그 누구도 대비를 할 수 없기에 공격에 속수무책으로 노출이 될 수밖에 없다. 해커 입장에서는 꿈의 병기라고 할 수 있지만 피해자 입장에서는 굉장히 큰 데미지를 입을 수밖에 없는 공격이다. 그러므로 만약 우리가 자주 사용하는 프로그램에 제로데이 취약점이 있다면 이는 대단히 치명적인 일이라고 할 수 있다. 윈도우와 같은 운영체제나 익스플로러와 같은 웹 브라우저에 제로데이 공격이 가해지는 경우 천문학적인 피해가 발생될 수 있다. 전 세계에서 윈도우 운영체제를 쓰는 PC가 약 15억 대라고 하니 순식간에 15억 대의 컴퓨터가 피해의 사정권에 들어오게 되는 것이다.

따라서 불법적인 인터넷에 해당하는 다크웹에서는 이러한 제로데이 취약점이 굉장히 고가에 거래되기도 한다. 그리고 제로데이 취약점을 찾아내기 위해서 마치 암호화폐를 채굴하는 것처럼 온갖 무차별 대입 공격을 통해 취약점이 나타나는 경우의 수를 찾아내기도 한다. 만일 이러한 제로데이 취약점을 3~4개 정도만 알고 있다면 결코 뚫을 수 없을 것 같은 무적의 철옹성도 해킹이 가능하게 된다. 이러한 시나리오가 실제 현실로 나타난 것이 바로 다음에 소개할 스턱스넷이다.

스턱스넷

[사진 35] 스턱스넷의 공격 타깃이 되었던 지멘스사의 PLC CPU
출처 : https://commons.wikimedia.org/wiki/File:S7300.JPG

크리퍼 웜으로부터 시작된 악성코드는 처음에는 단순히 약을 올리는 장난 수준에만 그쳤다. 하지만 소프트웨어의 중요성이 점차 커지면서 악성코드는 국가 기간 시설을 파괴하거나 마비시키는 등 상상도 하지 못할 규모의 영향력을 가지게 된다. 해당 사례가 극적으로 드러난 것이 바로 이번에 소개할 스턱스넷(Stuxnet)이다. 스턱스넷은 이란 핵 시설의 원심 분리기를 파괴한 것으로 유명한 역사상 최악의 악성코드에 해당한다.

스턱스넷은 이란 핵 시설 내부의 산업 자동화 제어 시스템을 공격 타깃으로 제작되었다. 이를 위해 제로데이 취약점이 무려 4개나 활용되었는데 이는 전례가 없는 규모라고 할 수 있다. 해당 시설의 제어 시스템이 윈도우 운영체제를 기반으로 하고 있고 지멘스사의 소프트웨어를 사용하고 있었는데 여기에 대한 제로데이 취약점을 복합적으로 활용한 것이다. 결과적으로 스턱스넷으로 인해 원심 분리기가 무려 1,000여 대나 파괴되었는데 악성코드의 무서운 가공력을 보여 주는 충격적인 사례라고 할 수 있다.

그러나 한 가지 의문점은 존재한다. 핵 시설과 같이 고도의 보안이 요구되는 산업 제어 시스템은 기본적으로 철저하게 망분리가 되어 있기에 아무리 사상 최악의 악성코드라고 하더라도 근본적으로 내부로 침투하는 것 자체가 불가능하다. 그렇다면 스턱스넷은 어떻게 핵 시설 내부에 잠입할 수 있었을까? 여기에 대한 명확한 루트는 아직까지도 밝혀지지 않았지만 가장 유력한 가설로는 USB를 통한 전파가 꼽히고 있다. USB는 외부와 내부를 자유롭게 드나들 수 있는 채널이기에 USB가 밖에 있었을 때 감염시킨 다음 이를 내부의 컴퓨터에 꽂는 순간 악성코드가 자동으로 전파되도록 기획된 것이다. 이처럼 스턱스넷은 인간의 행동반경까지 고려하여 설계된 고도의 사회공학 기술의 적용 사례라고 할 수 있다.

나중에 밝혀진 바에 따르면 스턱스넷은 몇몇의 해커가 제작한 수준을 넘어 정부 규모에서 계획하여 고도의 기술로 제작한 악성코드에 해당한다. 국가 간의 보이지 않는 총성의 대표 사례로 금융 전쟁, 무역 전쟁 등을 흔히 들 수 있지만, 사이버 전쟁 또한 이를 능가하는 중요도와 영향력을 차지한다고 할 수 있다. 이처럼 스틱스넷의 충격적인 여파를 생각하면서 국가 차원에서의 정보보안 수립의 중요성을 다시 한번 상기하게 된다.

랜섬웨어

[사진 36] 대표적인 랜섬웨어 중 하나인 크립토락커
출처 : https://en.wikipedia.org/wiki/File:CryptoLocker.jpg

다음에 소개할 악성코드는 랜섬웨어(Ransomware)이다. 앞서 소개한
모리스 웜 이후로 악성코드의 영향력은 점점 커지게 된다. 이러한 흐름이

정점에 달한 것이 바로 랜섬웨어라고 할 수 있다. 2021년 기준 랜섬웨어로 인한 전 세계 피해 규모만 약 22조에 달할 정도이다. 랜섬웨어는 최근에 가장 골칫거리인 악성코드로서 중요한 파일을 암호화해서 일종의 인질로 삼고 이를 풀기 위한 몸값(Ransom)을 요구하는 악성코드이다. 가령 내 컴퓨터에 있는 소중한 가족 사진들이 갑자기 모두 암호화가 되어 버린다거나, 회사 서버의 중요한 문서들이 모두 잠기게 될 수 있는 것이다. 그리고 이를 풀기 위한 대가로서 암호화폐를 요구한다. 랜섬웨어에 감염되면 당장 회사 업무를 볼 수 없거나 세상에 하나밖에 없는 소중한 가족 사진들이 없어지는 것이기에 울며 겨자 먹기로 해커에게 돈을 입금할 수밖에 없다. 아니면 암호를 풀 수 있는 키를 찾아내면 되는데 이는 슈퍼컴퓨터로 수백 년을 돌려도 답을 구하기가 힘들기에 대안이 될 수 없다.

랜섬웨어가 무서운 이유는 공개키 알고리즘을 사용함에 따라 키를 풀 수 있는 열쇠는 오직 해커만 가지고 있으므로 피해자는 암호화된 파일을 절대로 풀 수 없다는 점이다. 이는 기술적으로 비대칭키 알고리즘을 사용함에 따른 것인데 쉽게 설명해서 암호화를 할 때 사용하는 키와 복호화를 할 때 사용하는 키가 다른 알고리즘이다. 악성코드를 분석하면 암호화를 하는 키는 어떻게든 찾아낼 수 있겠지만 복호화하는 키는 오로지 해커만 알고 있는 것이다. 사실 직관적으로 잘 이해가 되지 않는 메커니즘이라서 이 정도 수준으로만 이해해도 충분하다. 현존하는 세상에서 가장 뛰어난 슈퍼 컴퓨터를 동원해서 복호화 키를 찾아내려고 해도 수백 년 이상이 걸리기에 해독은 사실상 불가능에 가깝다.

대부분의 랜섬웨어는 복호화의 대가로 암호화폐를 요구하는데 그 이유는 자금세탁이 용이하기 때문이다. 비트코인 등의 암호화폐는 출처와 이동 경로를 추적하기 힘들기 때문에 범죄에 악용될 소지가 많다. 이에 따라서 최근에는 암호화폐 거래소에도 자금세탁방지 시스템(AML, Anti Money Laundering)을 철저하게 적용하는 등 여러 보완책을 적극 적용 중에 있다.

랜섬웨어는 크립토락커, 테슬라크립트, 워너크라이 등 여러 유형으로 발전해 오면서 개인과 기업에게 큰 피해를 끼치고 있으며 최근에는 독일의 한 병원의 의료 시스템을 감염시켜 시스템 마비로 인해 환자의 생명까지 앗아가는 등 치명적인 사태를 야기하기도 하였다. 이토록 심각한 랜섬웨어에 대한 대응은 다양한 방법이 있겠지만 가장 좋은 건 감염이 되지 않도록 하는 것이며 여기에 더해 설령 감염이 되더라도 언제든지 복구할 수 있도록 중요 데이터를 주기적으로 백업을 하는 것이 필수적이라고 할 수 있다.

안티 바이러스(Anti-Virus)(1)

[사진 37] 미국의 글로벌 보안 회사인 맥아피(McAfee)
출처 : https://en.wikipedia.org/wiki/File:McAfee_logo_(2017).svg

그동안 긴 시간을 여행하면서 악성코드에 대해 살펴보았다. 굉장히 많은 종류의 악성코드를 구경하였다. 크리퍼 웜으로부터 시작된 악성코드는 웜, 트로이 목마, 바이러스 등으로 점차 다변화되었고 최근에는 스틱스넷과 랜섬웨어와 같은 형태로 발전하면서 치명적인 영향력을 지니게 되었다. 이에 따라 악성코드에 맞서 싸우는 백신(Vaccine)의 중요성은 점차 부각되게 된다. 정보보안은 막는 자와 뚫는 자 사이의 무한한 싸움이라고 할 수 있는데, 막는 자에 해당하는 백신(Vaccine)은 악성코드가 발전함에 따라 필연적으로 그 또한 치열한 발전 과정을 거쳐 왔다. 따라서 이번 장에서는 백신(Vaccine)의 발전사에 대해 간단히 살펴보도록 하겠다.

우선 백신(Vaccine)이라는 이름에 대해 먼저 설명이 필요할 것 같다. 앞에서도 이야기한 것과 같이 바이러스를 치료하는 프로그램은 한국의 안철수 박사에 의해 백신이라는 이름으로 명명되었는데 사실 세계적으로는 안티 바이러스(Anti-Virus)가 공식적인 표현에 해당한다. 따라서 앞으로는 안티 바이러스라는 네이밍으로 설명을 진행하도록 하겠다. 크리퍼 웜을 설명하면서도 언급된 부분이지만 최초의 안티 바이러스는 최초의 악성코드인 크리퍼 웜에 대항하여 만들어진 리퍼(Reeper)라고 할 수 있다. 하지만 리퍼는 엄밀히 말해서 크리퍼 웜을 제거하기 위해 만들어진 또 다른 웜(바이러스)에 해당한다고 할 수 있다. 진정한 의미로서의 안티 바이러스는 1986년에 탄생한 브레인 바이러스에 대항하여 만들어진 일련의 안티 바이러스 집단이라고 할 수 있다. 여기서 집단으로 표현한 이유는 여전히 최초의 안티 바이러스가 무엇인지에 대해서 많은 논쟁이 있기 때문이다.

이러한 집단에 속하는 안티 바이러스로는 앞서 소개한 미국의 존 맥아피(John McAfee)에 의해 만들어진 바이러스 스캔(VirusScan)이 있으며 시기적으로 조금 뒤이긴 하지만 한국의 안철수 박사에 의해 제작된 백신(Vaccine) 또한 여기에 포함된다. 이와 같이 브레인 바이러스는 인류 최초의 바이러스로서 안티 바이러스 산업을 태동하게 만든 존재라고 할 수 있다. 또한 브레인 바이러스를 계기로 존 맥아피가 1987년에 설립한 맥아피(McAfee)와 안철수 박사가 이후에 설립한 안랩(AhnLab)은 각각 미국과 한국을 대표하는 보안 회사로서 지금도 명맥을 이어 오고 있다.

안티 바이러스(Anti-Virus)(2)

```
0  00 00-6D 73 62 6C              nsbl
0  6A 75-73 74 20 77     ast.exe I just w
9  20 4C-4F 56 45 20     ant to say LOVE
0  62 69-6C 6C 79 20     YOU SAN!! billy
0  64 6F-20 79 6F 75     gates why do you
3  20 70-6F 73 73 69      make this possi
0  20 6D-61 6B 69 6E     ble ? Stop makin
E  64 20-66 69 78 20     g money and fix
7  61 72-65 21 21 00     your software!!
0  00 00-7F 00 00 00
0  00 00-01 00 01 00
0  00 00-00 00 00 46                       F
C  C9 11-9F E8 08 00
0  00 03-10 00 00 00
3  00 00-01 00 04 00
```

[사진 38] 블래스터 웜에 대한 헥스 덤프

출처 : https://en.wikipedia.org/wiki/Malware#Antivirus_/_Anti-
malware_software

프레드 코헨(Fred Cohen)이라는 미국의 컴퓨터 과학자는 1987년에 중
요한 논문을 발표한다. 바로 '모든 컴퓨터 바이러스를 완벽하게 탐지할 수
있는 알고리즘은 없다'라는 내용이다. 그는 '컴퓨터 바이러스(Computer
Virus)'라는 용어를 최초로 만든 안티 바이러스의 선구자이다. 이와 같은

그의 연구 결과는 완벽한 안티 바이러스를 만드는 것은 마치 성배를 찾는 것과 같이 불가능에 가까움을 보여 준다. 하지만 불가능하다고 결코 포기할 수는 없는 법이다. 완벽할 수 없다면 거의 완벽에 수렴하도록 만들면 되는 것이다. 성배를 찾는 모험이 지금도 계속되고 있는 것처럼 말이다. 안티 바이러스는 이와 같은 치열한 각오와 노력으로 지속적으로 발전해 왔으며 지금 이 순간도 계속 발전하고 있다.

초창기의 안티 바이러스는 시그니처(Signature) 기반으로 불리는 방식으로 동작되었다. 시그니처 기반이란 쉽게 말해서 그동안 알려진 공격 패턴을 데이터베이스에 저장한 뒤 이를 참고해서 대응하는 기법을 의미한다. 하지만 해커들은 시간이 지날수록 점점 영악해지면서 알려진 패턴을 벗어나는 여러 변종 공격들을 쉽게 수행할 수 있게 된다. 따라서 시그니처 기반은 곧 한계에 직면하게 되고 이를 극복하기 위해 휴리스틱 분석, 행동 분석과 같은 각종 통계 기반의 기술이 안티 바이러스에 적용되게 된다. 기존에 알려지지 않은 새로운 형태의 공격에도 적절한 대응이 필요한 것이다.

최근에는 샌드박스라고 불리는 가상의 공간을 두고 미리 신규 유입되는 외부 입력에 대해 사전 테스트를 해 본 뒤 안전하다고 판단되면 실제 공간으로 인입하는 방법도 사용되고 있다. 일종의 사전 시뮬레이션을 수행하는 방법인 것이다. 그리고 축적된 데이터를 기반으로 분류와 특성 발견 등을 수행하는 데이터 마이닝 기법과 여기에서 더 발전하여 최근 모든 분야를 삼키고 있는 인공지능 기반의 악성코드 탐지까지, 안티 바이러스는 놀라운 속도의 성장을 거듭하고 있다.

　마지막으로 최근 주목할 만한 흐름 중 하나로서 인간의 면역 메커니즘을 본떠 보안에서도 사이버 면역 체계를 도입하려는 흐름이 존재하는데, 다크 트레이스와 사일런스 등의 벤더에서 적극적으로 적용을 추진 중에 있다. '완벽함은 욕심이며 완전함은 노력이다'라는 격언과 같이 안티 바이러스는 완벽함에 가까운 완전함에 도달하기 위해 지금 이 순간도 열심히 노력 중이다.

악성코드의 미래

바야흐로 악성코드 시리즈의 마지막 장에 도달하였다. 항상 마지막은 아쉬운 법이지만 그럴수록 유종의 미를 거두는 것이 중요하다. 지금까지 악성코드의 역사에 대해 살펴보았으니, 마지막 장에서는 미래에 대해 생각해 보도록 하자. 악성코드의 미래는 어떻게 될까? 악성코드는 결국 정상적인 시스템을 공격하는 존재라고 할 수 있으므로, IT의 미래에 대해서 생각해 본다면 악성코드의 미래 또한 자연스레 알 수 있을 것이다. 그렇다면 향후 IT의 미래는 어떻게 흘러가게 될까?

가장 먼저 사물인터넷이라는 거대한 흐름을 꼽을 수 있다. 앞으로 사물인터넷이 더욱 발전하면서 일상의 모든 것들이 컴퓨터를 통해 연결될 것이다. 가장 단편적인 예로 자율주행차를 들 수 있다. 인간의 개입 없이 오로지 컴퓨터를 통하여 운전이 이루어지는 자율주행차는 두말할 나위가 없는 혁신에 해당한다. 하지만 이는 반대로 생각한다면 악성코드가 자율주행차를 공격하게 될 시 인간의 생명까지 위협하는 결과를 낳을 수 있게

[사진 39] 구글 웨이모 자율주행차 프로토타입
출처 : https://commons.wikimedia.org/wiki/File:Waymo_self-
driving_car_front_view.gk.jpg

된다는 것이다. IT 시스템의 영향력이 높아지는 것에 비례해서 악성코드
의 파급력 또한 더욱 증가하게 되는 것이다.

다음으로 꼽을 수 있는 흐름은 인공지능의 발전이라고 할 수 있다. 인
공지능은 인간이 하고 있는 많은 부분들을 대체하고 보완하면서 인류의
핵심 시스템 중 하나로 발전하게 될 것이다. 하지만 인공지능 또한 악성
코드의 위협에서 결코 벗어날 수 없는데, 근간이 되는 학습 데이터가 오염
되거나 인프라가 악성코드의 공격을 받으면 인류의 토대 자체가 위태로
울 수 있다.

이외에도 클라우드, 블록체인, 메타버스 등 IT의 현재와 미래를 이끄는
여러 기술들이 존재하는데 이 또한 악성코드의 공격 범위에서 벗어날 수
없는 것은 마찬가지이다. 이제는 너무도 당연한 사실이 되었지만 인류의

모든 것들이 IT 인프라를 근간으로 하고 있기 때문이다.

결론적으로 악성코드에 대한 대응은 인류의 생명과 더 나아가서 존립 자체를 결정 짓는 중대한 과업이 될 것이다. 그렇다면 우리는 어떠한 자세로 악성코드에 대해 대응해야 할까? 결국 종합적이고 다계층적인 대응이 필요하다. 단순히 약만 먹는다고 병이 낫지 않듯이 악성코드와의 싸움에서도 안티 바이러스가 모든 것을 다 해 주는 것으로 생각해서는 안 된다. 생활에서의 철저한 보안 수칙 준수와 개발 단계부터의 시큐어 코딩 준수 등 광범위하고 종합적인 대응을 통해 악성코드와의 싸움을 이어 가야만 한다.

모든 악성코드에 완벽히 대응할 수 있는 궁극의 알고리즘은 존재하지 않음이 증명된 지 오래지만 그렇다고 결코 포기할 수는 없는 법이다. 이는 불로초를 찾아 떠나는 모험과 같이 결코 쉽지 않은 여행이 될 것이다. 그러나 인류의 미래에 대해 거는 기대가 크기에 우리는 결국 잘해 낼 수 있으리라 믿는다. 이 모험의 끝에 무엇이 있을지 상상하고 꿈꾸며 하루하루 열심히 살아가는 것은 우리의 소명이자 큰 즐거움이 될 것이다.

3

해킹

해커

해커(Hacker)는 과연 나쁜 사람일까? 처음부터 갑자기 이상하고 뚱딴지 같은 질문을 드려 죄송하다. 예상컨대 대부분의 사람들은 나쁜 사람이라고 대답할 것이다. 왜냐하면 흔히 생각하기에 해커라는 사람은 컴퓨터를 통해 각종 범죄를 저지르고 불법적인 행위를 하는 등 부정적인 이미지로 생각하기 쉽기 때문이다. 하지만 이는 반은 맞고 반은 틀린 대답이다.

사실 해커 그 자체는 가치 중립적인 표현에 해당한다. 우리가 생각하는 나쁜 이미지의 해커는 블랙 해커 혹은 크래커(Cracker)라고 표현하는 것이 옳다. 모두에게 유익한 도움을 주는 활동을 하는 화이트 해커 등도 많이 존재하기 때문이다. 해커가 부정적인 이미지로 각인된 것은 1990년대 이후 미국의 언론 보도 등에서 비롯되어 해당 이미지가 대중적으로 굳어졌기 때문이다.

그렇다면 해커라는 표현은 언제 처음 등장하게 되었을까? 유력한 가설에 따르면 해커라는 용어는 1960년대 MIT(Massachusetts Institute of

Technology)의 한 동아리에서 비롯되었다. TMRC(Tech Model Railroad Club)라는 이름의 클럽에 소속된 학생들은 컴퓨터를 너무도 사랑하였고 이를 기반으로 각종 열정적인 탐구와 모험을 일삼았다. 당시 DEC라는 회사에서 해당 동아리에 PDP-1 컴퓨터를 기증하였는데, 멤버들은 이 컴퓨터의 애호가가 되어 각종 연구를 수행하였다. 그리고 이토록 컴퓨터를 사랑하는 그들 스스로를 해커(Hacker)라는 명칭으로 불렀다. 이처럼 PDP-1 컴퓨터는 해커와 해커 문화의 탄생에 중요한 기여를 했다고 할 수 있으며 지금은 미국 마운틴 뷰의 컴퓨터 역사 박물관에 고이 전시되어 있다.

[사진 40] PDP-1(Programmed Data Processor-1) 컴퓨터
출처 : https://commons.wikimedia.org/wiki/File:DEC_PDP-1_Demo_
Lab_at_Mountain_View%27s_Computer_History_Museum.jpg

결론적으로 해커라는 표현은 '컴퓨터를 사랑하는 열정적인 기술 애호가'라는 긍정적인 의미를 지닌다. 그리고 해커라는 호칭으로 불리기 위

해서는 기술적으로 상당한 실력을 갖춰야 함은 물론이다. 단순히 다른 사람이 만든 것을 가져다 쓰기만 한다거나, 윤리에 어긋나는 행동을 하는 사람은 해커라고 불리지 않고 스크립트 키디(Script kiddie)라는 다소 경멸적인 호칭으로 불린다. 따라서 인류 최초의 해커가 누구냐는 질문에 여러 의견은 있지만 앞서 소개했던 컴퓨터의 아버지인 앨런 튜링(Alan Turing)이 가장 많이 손꼽히는 것도 바로 이러한 이유 때문이다.

[사진 41] 컴퓨터의 아버지이자 최초의
해커, 앨런 튜링(Alan Turing)
출처 : 위키백과

해커 문화

앞서 살펴본 것처럼 해커의 원래 의미는 긍정적인 의미에 가깝다. MIT에서 시작된 '컴퓨터를 사랑하는 열정적인 기술 애호가'로서의 해커들은 1960년대 이후 해커 문화라는 하나의 큰 흐름을 형성하였으며 이는 커다란 조류를 만들며 지금까지도 이어져 내려오고 있다. 우리가 사용하고 있는 인터넷은 해커 문화를 근간으로 탄생할 수 있었으며 오픈소스 운동과 같은 개방형 혁신 또한 마찬가지이다. 스마트폰의 아버지인 스티브 잡스 또한 해커 출신이었음은 두말할 나위가 없다. 이처럼 지금의 위대한 IT 기술의 근간에는 해커 문화가 중요하게 자리 잡고 있는 것이다.

그렇다면 해커 문화는 어떠한 과정을 통해 형성되게 되었을까? 그 기원을 설명할 때 앞서 말한 MIT의 PDP-1 컴퓨터를 빼놓을 수 없다. 최초의 해커에 해당하는 MIT의 AI 연구소 학생들은 PDP-1에서 동작되는 '스페이스워(Spacewar!)'라는 전설적인 비디오 게임을 만들었으며 최초의 컴퓨터 음악 또한 연주하였다. 이는 기술과 예술이 융합된 해커 정신의 가장

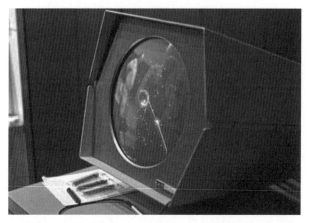

[사진 42] PDP-1에서 동작되는 스페이스워(Spacewar!) 비디오 게임
출처 : https://commons.wikimedia.org/wiki/File:Spacewar!-
PDP-1-20070512.jpg

순수한 형태에 해당한다고 할 수 있는 것이다. 그러나 무엇보다도 중요한 것은 그들이 ITS(Incompatible Timesharing System)라는 시분할 운영체제를 개발하여 이를 무료로 공개하였다는 점인데, 이는 공개와 개방으로 대표되는 해커 문화의 결정적인 정수라고 할 수 있다. 뒤에서 소개할 자유 소프트웨어 운동의 아버지인 리처드 스톨먼(Richard Stallman) 또한 이 당시 ITS 개발에 적극 참여하였는데, 그는 해커 정신의 1세대 계승자로서 지금까지도 적극 활동하고 있다.

해커 문화는 1960년대 당시의 반전 운동과 히피 문화와도 밀접한 관련이 있다. 당시 베트남전에 반대하는 젊은 청년들의 외침은 시대의 아이콘인 전설의 그룹 비틀즈의 멤버 존 레논의 이매진(Imagine)을 통해서도 확인할 수 있다. 그리고 LA와 샌프란시스코 등 미국 서부를 중심으로 유행했던 히피 문화는 기성세대의 통념과 인습 등을 탈피하고자 하는 큰 흐름으로서 1960년대를 상징하는 대표 조류에 해당하였다. 스티브 잡스 또한 당시 히피 문화에 심취하여 인도 여행까지도 다녀오는 등 시대의 강력한 파도를 타고 있었음은 물론이다. 이처럼 해커 문화는 당시의 커다란 시대적 조류와 흐름을 같이하면서 발전해 왔는데 이와 같은 위대한 정신은 지금까지도 IT의 모든 근간에 자리 잡고 있으며 우리 곁에서 소중한 영향을 미치고 있다.

[사진 43] 존 레논의 이매진(Imagine)을 기념하기 위한 스트로베리 필즈
출처 : https://en.wikipedia.org/wiki/Imagine_(John_Lennon_song)#/
media/File:2963-Central_Park-Strawberry_Fields.JPG

리처드 스톨먼

다음으로 소개할 인물은 리처드 스톨먼(Richard Stallman)이라는 전설적인 해커이다. 그런데 여기서 약간 의아하게 생각하시는 분들이 많을 것이다. 왜냐하면 '해킹 시리즈'인데 화려한 공격 기법 같은 것들은 전혀 나오지 않고 자꾸 문화니 해커들이니 등에 대해 이야기하고 있기 때문이다. 조금 지루하더라도 양해를 부탁드리고자 한다. 왜냐하면 IT의 근원이자 빛나는 진주에 해당하는 이들에 대해 먼저 살펴보는 것은 해킹을

[사진 44] 자유 소프트웨어 운동의 아버지,
리처드 스톨먼(Richard Stallman)
출처 : https://commons.wikimedia.
org/wiki/File:Richard_Stallman_at_
LibrePlanet_2019.jpg

이해하기 위한 여정에서 대단히 큰 의미가 있기 때문이다. 리처드 스톨먼은 앞서 소개했던 MIT의 AI 연구소에서 ITS 운영체제의 개발에 참여한 1세대 해커라고 할 수 있다. RMS라는 이니셜로도 유명한 그가 IT 역사에서 중요한 비중을 차지하는 이유는 바로 자유 소프트웨어 운동의 아버지이기 때문이다.

[사진 45] 자유 소프트웨어 재단(FSF, Free Software Foundation) 로고
출처 : 위키백과

문서 편집기, 컴파일러, 디버거 등을 직접 만든 뛰어난 프로그래머이기도 했던 그는 초창기의 해커 정신에서 점점 변질되어 상업화로 치닫는 당시 소프트웨어 산업 구조를 신랄하게 비판하였다. 특히 1980년대 이후에 저작권이나 카피라이트(Copyright)와 같은 제약이 대부분의 상업적 소프트웨어에 붙게 되면서 소스 코드는 기업의 전유물이 되었고 이에 따라 해당 소스 코드는 외부 커뮤니티에는 전혀 공개되지 않았다. 이는 자연스러운 자본주의의 논리이기도 했지만 적어도 소프트웨어를 기준으로 봤을 때에는 초창기의 해커 정신에서 크게 벗어나는 결과였다. 왜냐하면 해커 정신에서 공유와 개방은 가장 핵심 철학이기 때문이다. 여기에 대한 문제의식을 가졌던 리처드 스톨먼은 1985년에 GNU(GNU Manifesto) 선언문

을 발표하였고 자유 소프트웨어 재단(FSF, Free Software Foundation)까
지 설립하게 되었다.

[사진 46] Copyleft 심벌
출처 : 위키백과

그가 주장한 핵심 논리는 카피레프트(Copyleft)였는데 이는 카피라이
트(Copyright)와 반대되는 개념이다. 카피레프트가 붙은 소프트웨어는
공유와 개방을 원칙으로 한다. 그리고 이를 이용해서 만들어진 2차 저작
물 또한 이러한 공유와 개방의 원칙을 반드시 따라야만 한다. 쉽게 말해
서 자유 소프트웨어를 이용한 소프트웨어는 반드시 자유 소프트웨어가
되어야 하는 것이다. 이러한 리처드 스톨먼의 철학은 자유 소프트웨어 운
동의 최초 주창자로서 대단히 커다란 의미를 지닌다. 그러나 스톨먼 특유

의 지나치게 이상적이고 현실과 타협하지 않는 강인함으로 인해 이견을 가진 일부 세력에 의해 보다 더 유연함을 강조하는 오픈소스 운동이 파생되는 등 한계 또한 지니고 있다.

리처드 스톨먼은 최근 치명적인 실언으로 인하여 극도로 이미지가 나빠진 상태이며 이로 인해 잠정적으로 모든 활동을 중단한 상태이다. 그 또한 인간이기에 여러 한계를 내포하고 있었던 것이다. 하지만 애플과 마이크로소프트로 대표되는 거대 소프트웨어 기업에 맞서 위대한 해커 정신을 부르짖었던 그는 1세대 해커이자 자유 소프트웨어 운동의 아버지로서 IT와 해킹의 명예의 전당에 영원히 남아 있을 것이다.

리누스 토발즈

이 세상에는 뛰어난 해커들이 너무도 많다. 하지만 그중에서도 앞서 소개한 리처드 스톨먼과 지금 소개할 리누스 토발즈는 해커의 세계에서 결코 빼놓을 수 없는 인물들이다. 특히 리누스 토발즈는 자신의 이름을 딴 리눅스(Linux) 운영체제의 창시자이기도 한데 이러한 리눅스는 서버는 물론이고 전 세계 스마트폰을 지배하고 있는 안드로이드 운영체제의 핵심 커널로서 사용되고 있다. 이처럼 엄청난 업적

[사진 47] 리눅스의 아버지,
리누스 토발즈(Linus Torvalds)
출처 : https://commons.wikimedia.org/
wiki/File:Linus_Torvalds.jpeg

을 남긴 리누스 토발즈는 길버트 아라베디언(Gilbert Alaverdian)이라는 보

안 컨설턴트가 나눈 해커 등급에서 유일하게 '위저드 킹(Wizard King)'이라는 등급에 속한다. 즉 현존하는 인류 최고의 해커인 것이다.

리누스 토발즈(Linus Torvalds)는 스웨덴계 핀란드인으로서 헬싱키 대학에 다니던 시절 혼자서 리눅스 운영체제를 만든 괴물과도 같은 업적을 남겼다. 당시 교육용으로 사용되었던 유닉스(Unix) 기반의 운영체제인 미닉스(Minix)를 참고로 하여 약 1만 행에 달하는 최초의 리눅스 커널을 손수 개발하였다. 그런데 이런 그를 이끌어 준 동기는 거창한 철학이 아니라 '그냥 재미로(Just For Fun)'였다는 점

[사진 48] 리눅스의 마스코트인 펭귄 턱스(Tux), Attribution: lewing@isc.tamu.edu Larry Ewing and The GIMP
출처 : https://commons.wikimedia.org/wiki/File:Tux.svg

이 충격에 가깝다. 여기에 더해 리눅스를 상징하는 마스코트로서 귀엽게 생긴 턱스(Tux)라는 펭귄 캐릭터가 있는데 사람들은 여기에도 엄청난 철학적 의미가 있을 것으로 생각하였다. 하지만 나중에 밝혀진 바에 따르면 실제로는 리누스가 이동하던 중 쇠푸른펭귄에게 물렸는데, 그 펭귄이 마음에 들어서 그냥 정한 것이라고 한다. 이처럼 단순하고 괴짜 같은 그의 모습은 위대한 업적은 꼭 거창한 비전과 철학에서 비롯되는 것은 아니라는 것을 보여 준다.

리누스 토발즈가 위대한 해커로 인정받는 이유는 혼자서 리눅스 운영 체제를 만든 것에서 더 나아가 이를 오픈 소스로 공개하였다는 점에 있다. 그는 자유 소프트웨어 운동의 아버지인 리처드 스톨먼과 뜻을 함께하였으며 리눅스를 'GNU/Linux'라는 이름으로도 대중에게 공개하였다. 비록 다소 급진적인 리처드 스톨먼의 사상에 완전히 동의하지 않는 모습을 보여 주기도 하지만 자유 소프트웨어와 오픈 소스 진영의 거물로서 리누스 토발즈는 IT의 세계에 당당히 자리 잡고 있다. 오늘날 리눅스의 엄청난 중요도를 생각한다면, 만약 그가 리눅스를 오픈 소스로 공개하지 않았다면 그는 빌 게이츠와 맞먹는 엄청난 부를 차지했을 수도 있을 것이다. 하지만 '그냥 재미로(Just For Fun)'라는 말이 모든 것을 표현해 주듯이 그는 인류의 위대한 해커로서 그리고 그 스스로는 동의하지 않겠지만 인류를 밝혀 주는 위대한 등불로서 우리 곁에 남아 있다.

케빈 미트닉

[사진 49] 케빈 미트닉(Kevin Mitnick)
출처 : https://commons.wikimedia.org/wiki/File:Cyber_Incursion_
event_at_the_City_of_London.jpg#mw-jump-to-license

지금까지 진정한 '찐' 해커들에 대해 살펴보았다면 이제는 크래커에 대해 간단히 소개하고자 한다. 앞서 설명했지만 우리가 흔히 생각하는 '나쁜' 해커는 바로 크래커에 해당한다고 할 수 있다. 세상에는 무수히 많은 크래커들이 있지만 가장 대표적이고 상징적인 한 사람을 소개하고자 한다. 한때 미국 전역을 들썩거리게 만들었으며 세계에서 가장 유명한 해커로도 불리는 그는 바로 케빈 미트닉(Kevin Mitnick)이다.

[사진 50] 케빈 미트닉의 석방을 촉구하는 서포터
출처 : https://en.wikipedia.org/wiki/Kevin_Mitnick#/media/
File:Free_Kevin_sticker.svg

어린 시절부터 버스 펀치 카드 시스템을 악용하여 무임 승차를 자유자재로 할 수 있었던 그는 타고난 해커라고 할 수 있었다. 그는 DEC, 노벨, 썬, 모토로라, 퀄컴 등 여러 굴지의 기업들을 해킹한 것으로 유명했는데 결국 미국 FBI의 수사 대상이 되어 도피 생활을 하게 된다. 하지만 츠토무 시모무라(Tsutomu Shimomura)라는 희대의 보안 전문가의 활약에 의해서 결국은 검거되는데 그가 수사에 개입한 이유는 케빈이 츠토무의 홈페이지를 해킹하고 일본계인 그에 대해 인종 차별적인 욕설을 했기 때문이었다. 이에 분노한 츠토무가 케빈을 추적하게 되고 결국 케빈의 소재를 파악하는데 성공하였고 케빈은 검거되게 된다. 그리고 케빈 미트닉은 징역 5년을 구형받게 된다. 이와 같은 케빈 미트닉과 츠토무 시모무라의 대결은 하나의 무용담이자 일화로서 지금도 회자되고 있는 전설적인 에피소드 중 하나이다.

해커로서 케빈 미트닉이 그 누구보다도 주목받는 이유는 그의 파란만장한 경력과 뛰어난 실력도 있겠지만 가장 중요한 이유는 그가 사회 공학(Social Engineering)을 주로 사용하였다는 점에 있다. 사회 공학이란 인간 사이의 기본적인 신뢰를 이용해서 정상적인 보안 절차를 깨뜨리는 공격을 의미하는데, 공격 과정에서 기술적인 요소는 거의 사용되지 않는 것이 특징이다. 예를 들어 전화로 임원을 사칭한다거나 휴지통을 뒤져서 중요한 기밀 정보를 찾아낸다거나 몰래 출입문 뒤로 따라 들어간다거나 하는 등의 기법을 들 수 있다.

케빈 미트닉 스스로 밝힌 바에 따르면 아예 사회 공학 기법만 사용하고도 해킹에 성공한 글로벌 기업도 존재하였다고 한다. 영화 속에서 보던 해커의 이미지처럼 엄청나게 복잡한 기술을 이용해서 침투하는 것이 아니라, 보이스 피싱처럼 원시적인 방법으로 여러 글로벌 회사들의 철벽 보안을 뚫을 수 있다는 사실은 대단히 충격적인 일이다.

케빈 미트닉은 5년 간의 복역 생활을 끝내고 이후 보안 컨설턴트와 저술가로 활동하고 있다. 블랙 해커였던 그가 지금은 화이트 해커로 전향하여 사회를 위해 많은 기여를 하고 있는 것이다. 그는 '정보보안의 가장 큰 위협은 여러 기술적 요소도 아니라 바로 당신'이라는 명언을 남겼는데 그가 사실상 창시한 분야이기도 한 사회 공학의 치명적인 위협을 보여 주는 한 대목이라고 할 수 있다. 보안도 결국은 사람이 하는 일이기에 기술적인 측면뿐만 아니라 인간적인 요소 또한 대단히 중요하고 고려해야 할 대상임을 다시 한번 느낄 수 있다.

CIA(기밀성, 무결성, 가용성)

[사진 51] CIA 삼각형

출처 : https://reedphish.wordpress.com/2014/05/23/the-cia-triad/

지금까지 해커 문화와 여러 전설적인 해커들에 대해 소개하였다. 독자
들이 기대했던 것과 약간 다른 내용일 수도 있겠지만 해킹의 본질을 이해

하기 위한 굉장히 중요한 토대가 되었다고 생각한다. 그렇다면 이제부터 본격적으로 해킹의 세계로 들어가 보도록 하겠다. 해킹에 대해 정확히 이해하려면 대척점에 해당하는 정보보안의 목표를 이해하는 것이 가장 수월한 접근일 수 있을 것이다. 해킹을 막기 위한 목표가 결국 해킹이 무엇인지 가장 잘 알려 주는 지표이기 때문이다. 따라서 이번 장에서는 정보보안의 핵심 목표에 대해 간단히 설명하도록 하겠다.

정보보안의 핵심 목표는 기밀성(Confidentiality), 무결성(Integrity), 가용성(Availability)이다. 이 세 개의 앞 글자를 따서 CIA라고 흔히 부르고 있다. 워낙 중요한 개념이라서 자주 언급되지만 오히려 이렇게 간단한 개념일수록 이해하기가 어려운 법이다. 마치 '인간이란 무엇인가?'와 같은 질문처럼 너무도 당연한 개념이라서 오히려 똑 부러지게 정의하기가 힘들다고 할 수 있다.

CIA라는 개념 자체가 최초로 실세계에 구현되어 사용된 건 놀랍게도 2,000여 년 전 로마 시절까지 거슬러 올라갈 수 있다. 전쟁과 정보보안은 떼려야 뗄 수 없는 관계인데 전쟁이 한창 활발했던 고대 시절이었으므로 정보를 안전하게 보호하는 것이 매우 중요했다. 그래서 갈리아 전쟁에서 CIA의 개념이 시저 암호 등의 사례로 구현되어 널리 활용되었다. 하지만 이 시절에는 CIA가 단순히 추상적인 개념으로만 존재했을 뿐 용어 자체가 명확하게 정의된 건 아니었다. CIA라는 용어가 정확히 어느 시점부터 누구에 의해 정의되고 사용되었는지는 아직까지도 명확하게 밝혀지지 않았다. 정보보안에서 가장 중요한 핵심 용어임에도 불구하고 그 기원이 확실하지 않은 대단히 특이한 경우라고 할 수 있다. 어쩌면 너무도 상식적인 개념이라서 지금까지 자연스럽게 이어져 내려온 것일지도 모르겠다는 생각도 든다.

이제 본격적으로 개념 설명을 하자면 먼저 기밀성(Confidentiality)이란 노출(Disclosure)로부터의 보호라고 할 수 있다. 중요한 정보는 비밀스럽게 보관이 되어야 하는데 이를 위해서는 해당 정보가 절대로 외부에 노출이 되어서는 안 된다. 하지만 해커들은 스니핑(Sniffing)을 통해 몰래 도청을 해서 기밀성에 대한 공격을 자행할 수 있다. 이에 대응하여 기밀성을 보호하기 위한 가장 대표적인 방법은 암호화라고 할 수 있다. 암호화는 심지어 데이터가 노출이 된다고 해도 키가 없으면 풀 수가 없으므로 가장 단순하고도 확실한 보호대책이라고 할 수 있다.

다음에 설명할 무결성(Integrity)이란 변경(Alteration)으로부터의 보호라고 할 수 있다. 전송되는 도중에 허가도 없이 무단으로 정보의 내용이 변경된다면 대단히 곤란할 것이다. 하지만 해커들은 중간자(MITM, Man In the Middle) 공격을 통해 전송자와 수신자 사이의 중간에 몰래 개입해서 정보의 내용을 변조할 수 있다. 이에 대응한 대표적인 무결성 보호 방법은 원본에다가 도장을 꽉 찍어서 변조가 되는 순간 즉각 알아차릴 수 있도록 마법을 불어넣는 전자서명이 있다. 이는 대단히 중요한 개념이지만 다소 이해하기는 어려울 수도 있기에 이런 것이 있다는 정도만 알아도 충분하다. (나중에 '엔터프라이즈 보안' 시리즈에서 자세히 설명될 예정이다.)

마지막으로 가용성(Availabilty)이란 파괴(Destruction)로부터의 보호라고 할 수 있다. 정보는 필요한 시점에 필요로 하는 사람에 의해 즉시 사용이 가능해야만 의미가 있는데 악의적인 공격에 의해서 정보에 대해 접근이 불가능하거나 아예 파괴가 되는 경우가 발생할 수 있다. 최근에 한창 문제가 되고 있는 DDoS 같은 경우가 다량의 좀비 PC에서 타겟을 향해 동시다발 공격을 하는 등 가용성에 대한 심각한 위협을 주는 대표적인 사례이다. 이에 대응해서 가용성을 보호하는 가장 대표적인 방법으로 FT(Fault Tolerance) 시스템이 있는데, 이는 해커로부터 공격을 받아서 설령 서버가 죽더라도 즉시 복구가 가능하도록 준비하는 기법으로서 시스템을 결함을 허용하는 상태로 만드는 방법이라고 할 수 있다.

스니핑(Sniffing)

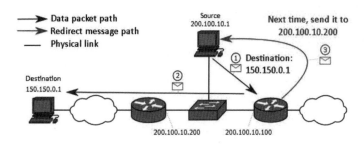

[사진 52] ICMP Redirect 개념도

출처 : https://commons.wikimedia.org/wiki/File:ICMPv4_redirect_message_example-en.svg

앞서 정보보안의 핵심 3대 목표에 해당하는 기밀성, 무결성, 가용성에 대해 설명하였다. 해킹은 결국 이러한 정보보안의 주요 목표를 깨뜨리는 행위라고 할 수 있다. CIA라는 삼각형의 어느 한 축이라도 깨진다면 정보보안이라는 공든 탑은 와르르 무너지게 된다. 따라서 어느 한 축도 결코 소홀히 할 수 없을 것이다. 그러면 지금부터 트라이앵글의 첫 축을 담당하는 기밀성에 대해 먼저 살펴보도록 하겠다. 기밀성에 대한 가장 대표적인 공격으로서 스니핑(Sniffing)을 꼽을 수 있다.

스니핑은 '냄새를 맡다'라는 영어(Sniff) 뜻 그대로 패킷을 도청하는 해킹 기법을 의미한다. 공격 대상의 데이터를 조작하거나 탈취하는 등의 적극적인 행위는 하지 않고 단순히 엿듣는 수준의 소극적인 공격에만 해당한다고 할 수 있다. 과거에는 더미 허브라는 이름 그대로의 '멍청한(Dummy)' 허브 장비를 많이 이용했는데 여기에 연결된 컴퓨터는 다른 모든 이웃 컴퓨터의 패킷을 쉽게 도청할 수 있었다. 지금은 여기에서 보다 더 발전된 스위치라는 허브 장비를 많이 사용하고 있는데 이 또한 ARP Redirect나 ICMP Redirect라는 비교적 단순한 기법을 통해 생각보다 쉽게 패킷의 도청이 가능하다.

그런데 앞서 설명한 더미 허브와 스위치는 일단 유선 형태의 네트워크 구성을 전제로 하기에 도청을 하려면 공격 대상과 물리적으로 연결이 되어 있어야 가능하다. 하지만 최근에 이용되는 와이파이 등의 무선 네트워크는 공기 중을 떠다니는 신호를 근간으로 하기에 유선보다도 훨씬 더 도청이 쉬운 구조라고 할 수 있다. 최근에는 무선 네트워크를 해킹하기 위한 대중화된 툴들도 흔하게 존재하기에 심지어 어린아이도 와이파이는 쉽게 해킹이 가능할 정도다. 결론적으로 유선이든 무선이든 패킷은 무조건 쉽게 도청이 가능한 구조라고 할 수 있는데 이건 뭔가 잘못된 것은 아닐까?

결론을 먼저 말하자면 패킷이 도청되는 건 어쩔 수 없는 일이다. 그렇다고 4차원 공간을 통해 신호를 전송할 수는 없기 때문이다. 여기서 우리가 추구할 수 있는 유일한 해법은 바로 암호화이다. 설령 패킷이 도청되더라도 그 내용을 알아볼 수 없게끔 암호화를 해 버리면 되는 것이다. 우리가 웹 서핑을 할 때 http가 아닌 https를 사용해야만 하는 이유도 그리고 와이파이 연결 시 반드시 보안 네트워크로 연결해야만 하는 이유도 바로 여기에 있다. 스니핑으로부터 우리를 구원해 주는 것은 오직 암호화이며 이는 기밀성을 달성할 수 있는 거의 유일한 왕도라고 할 수 있다.

스푸핑(Spoofing)(1)

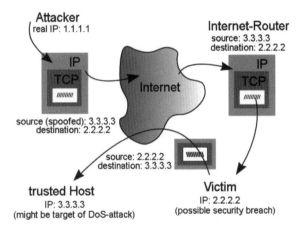

[사진 53] IP 스푸핑 개념도

출처 : https://commons.wikimedia.org/wiki/File:IP_spoofing_en.svg

CIA 트라이앵글의 다음 축은 바로 무결성이다. 기밀성을 위협하는 공격

으로서 스니핑이 있다면 무결성을 위협하는 공격에는 스푸핑(Spoofing)

이 있다. 스니핑과 스푸핑은 이름은 매우 비슷하지만 서로 굉장히 상반되는 공격이라고 할 수 있다. 스니핑은 단순히 소극적으로 도청만 하는 행위라면 스푸핑은 적극적으로 데이터를 조작하고 탈취하는 공격이라고 할 수 있다. 앞서 소개한 전설적인 해커인 케빈 미트닉 또한 IP 주소를 조작하는 IP 스푸핑을 사용한 것으로 유명하기도 하다. 이번 장에서는 스푸핑에 대해 소개할 예정인데, 가장 대표적인 스푸핑 기법인 ARP 스푸핑에 대해 설명하도록 하겠다. 공격 과정 자체로도 네트워크 보안에 대해서 많은 부분을 이해할 수 있기에 다소 지면을 할애하여 자세히 소개하고자 한다.

ARP 스푸핑은 굉장히 강력한 공격이기도 하지만 다소 어이가 없고 허탈한 공격 기법이기도 하다. 이 장을 모두 읽고 난 이후 필자가 왜 이렇게 말했는지 그 이유를 완전히 이해할 수 있으리라 확신한다. ARP 스푸핑을 이해하기 위해서는 먼저 LAN에 대한 개념 정립이 필요하다. 사실 LAN에 대해서만 제대로 알면 ARP 스푸핑에 대한 이해는 그냥 자연스럽게 따라온다고 할 수 있다. 그러나 LAN에 대해서 제대로 설명하려면 책을 몇 권을 써도 모자라다. 그래서 여기서는 딱 ARP 스푸핑을 이해하는 데 필요한 만큼만 핵심 엑기스 위주로 설명하도록 하겠다.

LAN(Local Area Network)은 이름 그대로 좁은 범위의 네트워크로서 하나의 게이트웨이 아래에 묶인 네트워크 영역이라고 할 수 있다. 쉽게 생각해서 사무실에 공유기가 하나 있고 이 공유기에 여러 컴퓨터가 연결해서 사용하는 모습을 떠올리면 된다. 여기서의 공유기가 바로 게이트웨이이며 이 공유기를 중심으로 여러 컴퓨터가 연결되면서 구성된 좁은 범위의 네트워크 영역을 바로 LAN이라고 한다. 그런데 A라는 사무실에도 LAN이 있고 B라는 사무실에도 LAN이 있을 텐데 이 둘 사이를 연결하려면 결국 게이트웨이 사이의 통신이 필요할 것이다. 이 구간은 흔히 WAN(Wide Area Network)이라고 부르고 있다.

어찌 되었든 LAN 내부에는 하나의 게이트웨이가 있으며 여기에 여러 컴퓨터들이 연결되어 동작한다고 할 수 있다. 그런데 만약 내가 어떤 사무실의 LAN에 소속되어 있다고 가정하고 이 상태에서 구글에 접속을 시도하고자 한다면, 구글은 저 멀리 떨어진 미국 어느 지역의 LAN에 존재하고 있을 것이므로 나의 요청은 내 사무실의 게이트웨이를 통해서 밖으로 나가야만 할 것이다. 그리고 구글의 응답 또한 게이트웨이를 통해서 안으로 들어오게 될 것이다. 따라서 게이트웨이란 내부에 존재하는 LAN과 외부에 존재하는 광대한 인터넷 세계를 연결하는 허브와도 같은 존재라고 할 수 있다. 쉽게 말해 사무실 사람들이 사용하는 모든 트래픽이 통과하는 중요 지점이라고 할 수 있다.

여기까지 설명을 읽었다면 감이 좋은 독자들은 뭔가 눈치를 챘을 수도 있을 것 같다. 게이트웨이가 이토록 중요하다면 해커들은 당연히 게이트웨이를 해킹하려고 하지 않을까? 아니면 좀 더 발상의 전환을 해서 '내가 게이트웨이다'라고 속이는 것도 영리한 방법 중의 하나라고 할 수 있을 것이다. ARP 스푸핑이란 바로 후자에 해당하는 공격 기법이다. LAN 내부의 특정 컴퓨터에게 '내가 게이트웨이다'라고 속이는 공격을 자행한 뒤, 그 컴퓨터의 모든 트래픽을 나에게 오도록 만들어서 도청하는 기법이라고 할 수 있다.

스푸핑(Spoofing)(2)

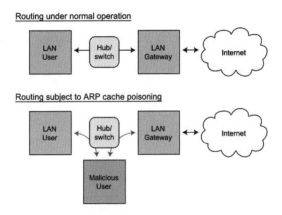

[사진 54] ARP Spoofing 개념도
출처 : https://commons.wikimedia.org/wiki/File:ARP_Spoofing.svg

그렇다면 도대체 어떤 방법으로 '내가 게이트웨이다'라고 속일 수 있을까? 이 대목에서 드디어 ARP(Address Resolution Protocol)의 개념이 등장하게 된다. 흔히 IP 주소라는 말은 워낙 많이 들어서 잘 알고 있겠지만

MAC 주소라는 말은 거의 들어보지 못했을 것이다. 그런데 이 MAC 주소라는 녀석이 LAN 내부에서 매우 중요한 역할을 하고 있다. MAC(Media Access Control) 주소란 각 컴퓨터 장치의 고유한 일련번호라고 할 수 있는데, 적어도 LAN 내부에서는 MAC 주소를 참고해서 서로 통신을 진행하고 있다. IP 주소도 물론 중요하지만, LAN 내부에서는 심하게 말해 껍데기에 불과한 존재라고 할 수 있다. 이러한 일련의 규칙은 국제 표준에서 정의를 내린 부분이며 전문적인 용어로는 데이터 링크 계층 통신이라고 부른다. 다소 어려운 개념이 많이 나왔는데 더 이상 깊게 몰라도 ARP 스푸핑을 이해하는데 전혀 문제가 없다.

우리는 그 유명한 TCP/IP 프로토콜의 세상에서 살고 있기 때문에 사용자들은 1차적으로는 무조건 IP 주소로 통신을 시도한다. 다만 실제로는 해당 IP 주소가 결국에는 MAC 주소로 변환된다는 뜻이고 최종적으로는 해당 MAC 주소를 참고해서 통신을 진행한다는 이야기이다. 이를 전문적으로 말해 IP 주소는 논리적 주소이며 MAC 주소는 물리적 주소라고 표현하기도 한다. 머리가 더 복잡해질 수도 있으니 일단은 그냥 무시해도 될 것 같다. 그리고 이제부터 가장 중요한 대목인데, 이러한 IP 주소와 MAC 주소 사이의 변환을 위한 사전으로서 ARP 테이블이라는 것이 존재하며 이러한 사전은 LAN 내부에 속한 각각의 컴퓨터가 모두 가지고 있다. 그렇다면 특정 컴퓨터의 ARP 테이블을 공격해서 IP 주소와 MAC 주소의 관계를 몰래 바꿔치기해 버린다면 해킹은 드디어 성공하게 될 것이다.

예를 들어 내 컴퓨터의 ARP 테이블을 뒤져 보니 게이트웨이는 '192.

168.0.1'이라는 IP 주소와 'GG-GG-GG-GG-GG-GG'라는 MAC 주소를 가지고 있고 A 컴퓨터는 '192.168.0.2'라는 IP 주소와 'AA-AA-AA-AA-AA-AA'라는 MAC 주소를 가지고 있다고 가정하자. 여기에서 쥐도 새도 모르게 살짝 '192.168.0.1'가 'AA-AA-AA-AA-AA-AA'랑 매칭이 되도록 바꿔치기해 버리면 결국 내 컴퓨터에서 게이트웨이로 가는 트래픽은 전부 A 컴퓨터로 가게 될 것이다. 기나긴 설명 끝에 드디어 ARP 스푸핑의 정수에 도달하게 되었다. 결국 이게 바로 ARP 스푸핑의 핵심이라고 할 수 있다.

마지막으로 필자가 맨 처음에 언급했던 어이가 없고 허탈하다는 부분만 설명하면 이 짧지 않은 글은 드디어 끝이 날 것 같다. 그렇다면 이렇게 몰래 바꿔치기하는 건 도대체 어떤 원리로 가능한 것일까? 그냥 '192.168.0.1은 AA-AA-AA-AA-AA-AA다'라고 큰 소리로 외치기만 하면 된다. 이렇게 외치는 걸 ARP Reply라고 표현하는데 정말 그냥 이렇게만 하면 ARP 테이블이 바뀐다. 그리고 뒤에 사람이 또 다르게 외치면 바로 또 그렇게 바뀐다. 외치는 사람이 누가 되든지 전혀 체크를 하지 않고 외치는 사람이 말하는 대로 즉시 바뀐다. 결국 ARP 스푸핑이란 공격 대상에게 거짓된 ARP Reply만 보내면 끝나는 공격이다. 이게 정말 사실일까? Yes. 믿기지는 않겠지만 사실이다.

이를 전문적인 용어로 말해서 ARP에 인증 기능이 부재하다고 표현하기도 한다. ARP(Address Resolution Protocol)는 이름 그대로 주소를 결정하는 프로토콜로서 IP 주소와 MAC 주소의 매핑 관계를 만들어 주는 중요한 역할을 한다. 하지만 이러한 관계를 선언할 수 있는 주체에 대한 인증 절차가 전혀 없고 그냥 아무나 매핑 관계를 선언할 수 있다. ARP가 최초로 설계되었던 1980년대 당시에는 지금과 같은 보안 이슈를 전혀 고려하지 않고 프로토콜을 만들었으며 우리는 그 과거의 유산을 그대로 쓰고 있다. 물론 패치나 버전업을 하면 해결이 되겠지만 이와 같은 구조를 기반으로 한 인프라가 전 세계적으로 너무도 광범위하게 확산이 되어 있어서 쉽게 바꾸기가 힘든 구조이다.

그나마 다행인 건 ARP 스푸핑은 일단 공격자가 같은 LAN 내부에 들어와야만 먹힐 수 있다. 갑자기 중국에 있는 다른 LAN에 속한 사용자가 한국에 있는 내가 속한 LAN에다가 ARP 스푸핑 공격을 하기란 원천적으로 불가능하다. 하지만 요즘에는 커피숍과 같은 공공장소에서 공유기로 붙어서 스마트폰이나 컴퓨터를 많이 사용하는데 이러한 환경이 원천적으로 ARP 스푸핑에 대단히 취약한 지점이다. ARP 스푸핑을 효율적으로 방어하기 위한 방법은 지금까지도 보안 전문가에게 흥미로운 과제로 연구되고 있으며 아직까지도 사실상 괜찮은 해법은 없는 상태이다. 심하게 말해서 일단 ARP 스푸핑은 무조건 당할 수밖에 없다고 가정하고 설령 스푸핑을 당하더라도 패킷 자체를 알아볼 수 없도록 암호화를 적용하는 등의 정도가 최선의 대응책이라고 주장하는 사람 또한 많이 존재한다.

DoS 공격, DDoS 공격(1)

CIA 트라이앵글의 마지막 축은 바로 가용성이다. 세 가지 축 중 어느 하나도 중요하지 않은 것은 없지만 가용성의 경우 침해를 받게 되면 아예 서비스를 할 수 없기에 가장 민감한 부분이라고 할 수 있다. 가용성에 대한 가장 대표적인 공격으로는 DoS 공격이 있는데 우리가 흔히 언론 등에서 들을 수 있는 '디도스(DDoS)' 공격이 바로 여기에 속한다고 할 수 있다. 이번 장에서는 DoS 공격과 DDoS 공격에 대해 간단히 설명하도록 하겠다.

DoS(Denial of Service) 공격이란 서버가 정상적인 서비스를 할 수 없도록 방해하는 공격이다. 서버를 향해 무지막지한 트래픽을 날려서 마비시키는 공격이라고 할 수 있다. 서버가 DoS 공격을 당하면 이름 그대로 서비스가 거부되므로 사용자들은 서비스에 대해 정상적인 접근을 할 수 없게 된다. 홈페이지가 마비되는 등 여러 불편 사항이 발생한다.

IT 관련 뉴스를 보면 DoS 공격은 하루가 멀다 하고 자주 발생한다. 심지어 학생이 PC방에서 DoS 공격을 하다가 검거된 사례도 존재한다. 전

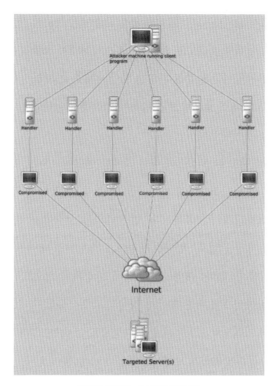

[사진 55] DoS 공격 개념도
출처 : https://commons.wikimedia.org/wiki/
File:Stachledraht_DDos_Attack.svg

세계에서 난다 긴다 하는 똑똑한 사람들이 만든 게 바로 인터넷인데 왜 이렇게 DoS 공격에 취약한 것일까?

지금의 인터넷은 이름만 들어도 멋진 TCP/IP 프로토콜을 근간으로 만들어졌다. 그런데 인터넷의 철학은 기본적으로 개방성이라고 할 수 있다. 최초로 프로토콜이 설계되었을 때는 DoS 공격과 같은 보안적인 요소는 전혀 고려되지 않았다. 그러한 바탕에서 만들어진 표준이 사실상 지금까지도 그대로 이어져 내려오고 있는 것이다. 인터넷이 조금만 더 폐쇄적으로 설계되었다면 지금과 같은 다양한 보안 이슈는 존재하지 않았을 수도 있다. 그러나 반대로 생각해 보면 애초에 인터넷이 이만큼 발전하지 않았을 수도 있을 것이다.

아무튼 각설하고 DoS 공격에 대한 자세한 설명을 이어 가도록 하겠다. DoS 공격의 종류는 크게 3가지로 나눌 수 있다. 대역폭 공격, 커넥션 공격 그리고 어플리케이션 공격이다. 먼저 대역폭 공격에 대해 설명하자면 엄청나게 큰 파일을 업로드한다든지 등으로 네트워크 대역폭을 잡아먹는 공격이라고 할 수 있다. 대역폭은 당연히 한정되어 있으므로 어느 한쪽에서 많이 잡아먹으면 다른 쪽에서 정상적으로 사용할 수 없게 된다. 대표적인 공격 기법으로 ICMP 패킷을 다량으로 보내는 ICMP Flooding과 UDP 패킷을 무지막지하게 보내는 UDP Flooding 등이 있다.

다음으로 커넥션 공격에 대해 설명하자면 TCP의 3-Way Handshaking을 안다면 자연스럽게 이해할 수 있다. 다소 전문적인 지식일 수도 있지만 간단하게만 설명하자면 그 유명한 TCP는 3단계의 과정을 거쳐서 연결을 수립하는데 'SYN'을 보낸 뒤 'SYN + ACK'를 받고 마지막으로 'ACK'를 다시 보내는 구조라고 할 수 있다. 그런데 'SYN'을 보낸 뒤 'SYN + ACK'를 받고 나서 'ACK'를 일부러 보내지 않고 계속 뻐기면 서버는 계속 응답을 받을 때까지 기다리게 된다. 그냥 기다리면 상관이 없는데, 큐에서 특정 공간을 차지한 상태로 기다리므로 일정한 크기의 메모리를 잡아먹게 된다. 이러한 원리를 악용해서 'SYN'을 다량으로 서버로 보낸 뒤 서버의 메모리 자원이 고갈되게끔 만들 수 있다. 이를 SYN Flooding이라고 하며 커넥션 공격의 대표적인 기법에 해당한다.

DoS 공격, DDoS 공격(2)

앞서 DoS 공격의 두 가지 유형에 대해 설명하였는데 다소 전문적인 용어가 나오긴 했지만 결국 정상적인 서비스를 방해하는 공격이라는 점에는 변함이 없다. 이번 장에서는 DoS 공격의 마지막 유형에 해당하는 어플리케이션 공격과 DoS 공격의 진화형인 DDoS 공격에 대해 설명하고자 한다.

어플리케이션 공격은 프로그램의 특성을 이용한 공격으로서 주로 HTTP의 취약점을 이용한 공격이 대부분이라고 할 수 있다. 인터넷의 핵심은 웹이라고 할 수 있는데 웹의 근간을 이루는 프로토콜이 바로 HTTP이다. HTTP는 인터넷의 전부라도 해도 과언이 아니라서 이러한 HTTP에 대한 공격은 대단히 치명적이라고 할 수 있다. 대표적인 기법으로 Slowloris 공격이 있는데, 간단히 설명하자면 서버랑 HTTP 연결을 맺은 뒤 일부러 내용 전송은 하지 않고 오랜 시간 동안 뻐기는 방법이라고 할 수 있다. 서버에서 타임아웃 등으로 그냥 끊어 버리면 간단하게 끝나는 문제이지만 웹서버 설정에 따라서 제대로 공격을 감지하지 못하는 경우도 있어서 매우 치

[사진 56] Slowloris 공격 명령어 프롬프트
출처 : https://commons.wikimedia.org/wiki/File:Slowloris_DDOS.png

명적으로 동작하기도 한다.

지금까지 DoS 공격의 세 가지 유형에 대해 살펴보았다. 그런데 한 가지 재미있는 부분은 언론 등에서는 정작 DoS라는 표현보다 DDoS라는 용어가 더 자주 사용된다는 점이다. 그렇다면 이 둘의 차이는 무엇일까? DDoS(Distributed DoS) 공격이란 DoS 공격의 진화형으로서 분산된 좀비 PC에서 다량의 DoS 공격을 수행하는 기법이라고 할 수 있다. DoS 공격은 한정된 컴퓨터에서 공격이 수행되는 반면에, DDoS 공격은 많게는 수만 대 이상의 분산된 컴퓨터에서 동시다발적으로 수행된다. 여러분이 사용하는 컴퓨터나 스마트폰도 사실은 누군가에 의해 감염된 좀비 에이전트일 수도 있다. 나도 모르는 사이에 내 소중한 자원이 DDoS 공격에 얼마든지 악용될 수 있는 것이다.

DDoS 공격에 대한 대응 방안은 지금도 꾸준히 연구되고 있는 주제이다. 기본적으로 사전에 트래픽 임계치나 타임아웃 설정 등을 통해 공격을 예방할 수 있도록 대비가 필요하다. 그러나 이러한 방법으로도 방어가 불가능한 경우 또한 생각을 해 둬야만 한다. 최근에는 실시간으로 유입 트래픽의 크기나 웹 서버의 로그 등을 모니터링한 뒤 공격이 탐지되는 순간 즉시 해당 트래픽을 다른 곳으로 우회시키는 방안을 가장 많이 사용되고 있다. 스크러빙 센터(Scrubbing Center)라는 것을 두고 DDoS 공격에 대한 트래픽을 모두 여기로 보내 버리는 방법이다.

APT 공격

　흔히 영화를 보면 해커라는 사람은 키보드만 몇 번 두드리면 국가 기관이나 여러 중요 사이트들을 가볍게 뚫을 수 있는 천재적인 존재로 묘사되기도 한다. 하지만 현실에서는 이런 경우는 극히 드물며 사실상 대부분은 지루하고도 험난한 준비 과정을 거친 뒤에 공격을 수행한다. 해킹을 위한 준비 과정이 길게는 수년 이상 걸리기도 한다. 그리고 공격 과정에서 기술적인 기법도 당연히 이용되지만 인간의 심리를 이용하는 사회공학 기법이 더 많이 활용된다. 이번에 소개하고자 하는 APT 공격은 바로 이와 같이 여러 지능적인 기법들을 활용하고 지속적인 준비 과정을 거친 뒤 특정한 타겟을 향해 공격을 감행하는 해킹 수법을 의미한다.

　APT(Advanced Persistent Threat) 공격이란 앞서 설명한 것처럼 특정한 타겟을 대상으로 하는 지능적이고 지속적인 공격을 의미한다. 요즘 보안업계에서 가장 큰 골칫덩어리이자 이슈 사항이 바로 APT 공격이라고 할 수 있다. 스피어 피싱이나 워터링 홀 등 이름만 들어도 무서운 여러 기

[사진 57] APT 공격의 수명 주기를 묘사한 그림
출처 : https://commons.wikimedia.org/wiki/File:Advanced_
persistent_threat_lifecycle.jpg

법들이 바로 APT 공격의 대표적인 사례에 속한다.

APT 공격의 대표적인 사례로서 스피어 피싱과 워터링 홀 그리고 공급망 공격을 꼽을 수 있다. 먼저 스피어 피싱(Spear Phishing)에 대해 설명하자면 '작살 낚시'라는 번역어 그대로 특정한 타겟을 표적으로 해서 수행하는 피싱 공격이라고 할 수 있다. 그리고 거의 대부분이 이메일을 통해 공격이 수행된다. 그럴듯한 이메일을 보내서 어떻게든 첨부 파일을 열도록 유도한 뒤 악성코드를 침투시키는 방법이다. 기본적으로 이메일 콘텐츠 필터링이나 백신 등을 이용하면 어느 정도 방어는 가능하겠지만, 이러한 솔루션으로도 탐지가 되지 않는 악성코드라면 공격을 무조건 당할 수밖에 없는 구조이다. 게다가 사람의 심리를 고도로 이용한 공격이므로 원천적으로 방어하기가 상당히 쉽지 않다.

다음으로 워터링 홀(Watering Hole)을 설명하자면 사자가 물 웅덩이 근처에서 매복을 하고 있는 형상을 빗대어 이름 지어진 공격 기법이다. 공격 대상이 자주 방문하는 사이트를 미리 알아낸 다음에 해당 사이트에다가 악성코드를 심어서 공격하는 방법을 의미한다. 공격 대상이 방문하는 여러 사이트 중에는 보안이 허술한 사이트가 최소한 한 군데 정도는 있을 수 있으므로 가장 취약한 지점을 노리는 방법이라고 할 수 있다. 이러한 워터링 홀 기법 또한 사전에 공격 대상의 인터넷 이용 패턴을 파악하는 등 인간의 심리를 고도로 활용하는 기법이라고 할 수 있다.

마지막으로 설명할 공급망 공격은 요즘에 가장 큰 골칫덩어리이자 상당히 치명적인 공격 기법이라고 할 수 있다. 우리가 컴퓨터를 사용할 때 상당히 많은 프로그램이 깔리는데 대부분 자동 업데이트 기능을 사용하고 있다. 클라이언트는 아무런 의심 없이 주기적으로 서버에서 업데이트 파일을 내려 받고 있는데 이 이유는 해당 공급망을 전적으로 신뢰하기 때문이다. 공급망과 클라이언트 사이는 공개키 알고리즘을 기반으로 한 신뢰 관계로 묶여 있기 때문에 업데이트 파일의 무결성을 전적으로 보장받을 수 있다.

그러나 이러한 공급망 자체가 해커의 공격을 받는다면 악성코드는 속수무책으로 클라이언트에 유입될 수밖에 없다. 게다가 클라이언트가 한두 명도 아니고 수백만 명 이상이 된다면 그 영향도는 치명적이라고 할 수 있다. 앞서 설명했듯이 공급망이란 공개키 알고리즘을 기반으로 한 신뢰관계로 구성되어 있는데, 해당 공급망의 개인키가 유출되어 버리면 재앙으로 치닫는다고 할 수 있다. 해커가 특정 공급망의 개인키를 탈취해버리면 악성코드든 뭐든 자기가 마음대로 서명을 한 뒤 공급망에 올려 버리면 그 상태로 클라이언트에 전부 배포되어 버린다. 공급망 공격은 최근에 가장 주목받는 보안 이슈 중 하나로 선정될 정도로 영향력이 큰 이슈라고 할 수 있다.

핵티비즘, 어나니머스

그동안 CIA(기밀성, 무결성, 가용성)에 대한 공격에 이어 APT 공격까지 해킹의 주요한 기법들에 대해 설명하였다. 컴퓨터와 정보보안의 메커니즘을 연구하고 공부하는 입장에서는 해당 공격들을 뜯어보면서 굉장히 유익한 것들을 많이 배울 수 있을 것이다. 하지만 여기에 이어서 해킹이 실제 세상과 연결되고 영향력을 미치는 지점 또한 생각하지 않을 수 없다. 여러 해킹 기법들에 대해 단순한 스크립트 키디의 장난으로 생각하고 가볍게 넘어가면 너무도 좋겠으나, 지극히 당연한 사실이지만 이제는 더이상 그렇게 할 수 없는 세상이 되었다.

IT의 중요성이 점점 커질수록 해킹의 파급력도 커진다고 할 수 있다. 개인용 컴퓨터가 등장하기 이전인 1970년대에도 해킹은 있었지만 이 당시는 공짜 전화를 하기 위해 가짜 신호를 생성하는 프리킹(Phreaking) 정도의 수준에만 머물렀다. 하지만 지금의 해킹은 국가의 중요 시설을 마비시키거나 사람의 생명을 잃게 만드는 등 심각하고도 지대한 영향을 미칠 수 있는 행위가 되었다. 이와 같이 해킹의 영향력이 늘어나게 된다면 필연적으로 여기에서 파생되는 각종 현상들이 나타나게 된다. 그중 하나로서 해킹이 정치적이고 사회적인 이슈와 결부되어 동작되는 양상 또한 나타나기도 하는데 이를 바로 핵티비즘(Hacktivism)이라고 부른다. 핵티비즘이라는 단어 자체는 해킹(Hacking)과 행동주의(Activism)의 합성어라고 할 수 있다.

[사진 58] 어나니머스 멤버의 상징인
가이 포크스 가면(Guy Fawkes mask)
출처 : https://commons.wikimedia.org/wiki/File:Anonymous_at_
Scientology_in_Los_Angeles.jpg

핵티비즘의 가장 대표적인 사례로는 그 이름만으로도 유명한 어나니머스(Anonymous)를 들 수 있다. 어나니머스는 이름 그대로 익명의 구성원들이 모인 단체로서 내부의 모든 것들이 베일에 싸여 있다. 간혹 일부 구성원들이 가이 포크스 가면을 쓰고 공개적인 장소에 나오기도 하지만 이

것이 그 실체를 알 수 있는 유일한 단서이다. 하지만 어나니머스에는 리더도 없고 조직도 없으며 누구나 선언만 하면 회원이 될 수 있는 구조이기에 단체의 구조는 이름 그대로 익명성 그 자체라고 할 수 있겠다.

[사진 59] 위키리크스 로고
출처 : https://commons.wikimedia.org/wiki/
File:Wikileaks_logo.svg

어나니머스는 이슬람 국가(IS, Islamic State)와의 전쟁을 선포하고 그들의 SNS 계정을 공격하여 폐쇄하는 등의 정치적인 해킹을 감행한 적이 있으며 암호화폐 시장에 혼란을 준다는 이유로 일론 머스크(Elon Musk)에게 응징을 경고하는 등 핵티비즘의 전형적인 사례를 보여 주는 단체라고 할 수 있다. 어나니머스에 대해서는 '21세기 의적'이라는 찬사도 있는 반면 해킹이라는 행위 자체는 명백한 범죄이기에 여기에 대한 신랄한 비판도 있는 등 여러 가지 양면적인 모습이 존재한다. 어나니머스 이외에도 각 정부의 기밀문서들을 공개하여 사회에 많은 파장을 준 위키리크스(WikiLeaks)도 핵티비즘의 대표 사례에 해당한다.

버그 바운티

앞서 살펴본 핵티비즘의 사례에서도 알 수 있듯이 해킹에는 양면적인 요소가 존재한다. 해킹 기술 그 자체는 가치 중립적이라고 할 수 있지만 이를 활용하는 사람의 행동에 따라서 '의적'인지 '범죄자'인지가 결정된다고 할 수 있다. 이전에 소개한 케빈 미트닉 또한 인류의 위대한 해커이지만, 그가 블랙 해커로서 활동한 시절과 화이트 해커로서 활동한 시절은 똑같은 사람임에도 불구하고 상반된 평가를 받고 있다. 따라서 결국 모든 것은 사람의 문제라고 할 수 있으며 기술을 활용하는 인간의 의지와 동기가 대단히 중요하다고 할 수 있다.

인간의 동기를 유발하는 원천에는 참으로 다양한 요소들이 존재한다. 하지만 자본주의 사회를 살고 있는 이 시점에서 경제적인 요소를 결코 무시할 수 없을 것이다. 만약 블랙 해커가 아닌 화이트 해커로서도 많은 돈을 벌 수 있고 활약할 수 있는 자리 또한 충분하다면 위대한 해커들이 어둠의 세계를 굳이 누빌 이유는 거의 없을 것이다. 결국 해커들에게 많은 경제적 인센티브를 부여하여 누이 좋고 매부 좋은 선순환 구조를 만들 수 있다면 최선이라고 할 수 있는 것이다. 이와 같은 최적의 구조에 가장 근접한 제도가 현실로서 구현된 것이 바로 버그 바운티라고 할 수 있다.

[사진 60] 페이스북이 버그를 찾은 화이트 해커에게
부여하는 직불카드
출처 : https://commons.wikimedia.org/wiki/File:Facebook_t-shirt_
with_whitehat_debit_card_for_Hackers.jpg

버그 바운티란 보안 취약점 등을 발견하여 제보하는 경우 포상금을 주는 제도를 의미한다. 해외를 기준으로 구글, 마이크로소프트, 페이스북 등의 유수의 기업에서 적극적으로 시행하고 있다. 버그 바운티로만 백만 장자가 된 화이트 해커들이 적지 않게 존재할 정도로 해외에서는 해커들의 신나는 무대이자 놀이의 장이라고 할 수 있다. 전 세계 버그 바운티 시장의 규모는 점점 확대되고 있는 추세인데 버그 바운티를 통해 해커들은 재능을 마음껏 펼칠 수 있고 기업은 치명적인 보안 취약점을 사전에 보완

할 수 있는 등 선순환의 장 그 자체라고 할 수 있다.

국내의 경우는 한국인터넷진흥원이나 금융보안원과 같은 기관 주도의 버그 바운티가 적극 운영되고 있기는 하지만 민간 주도의 버그 바운티는 해외에 비하면 아직 다소 미진한 편이다. 여러 가지 이유가 있겠지만 가장 큰 문제는 동의를 받지 않은 취약점 발굴 행위는 처벌의 대상이 되는 현행 정보통신망법 조항을 들 수 있다. 그러나 현행법 개정에는 많은 이해관계가 걸려 있기에 법 개정에는 다소 시일이 걸릴 것으로 예상되므로 최대한 현행법 내에서 버그 바운티를 확대할 수 있도록 많은 노력이 필요하다. 네이버, 카카오, 삼성 등 국내 유수 기업들이 자체 버그 바운티를 운영하는 등 시장 확산을 위해 적극 나서고 있기에 국내 버그 바운티의 밝은 미래에도 많은 희망을 걸어볼 수 있을 것 같다.

해킹의 미래

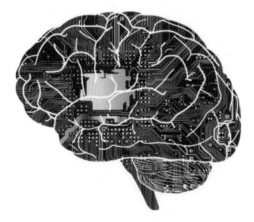

[사진 61] 인공지능을 형상화한 이미지

출처 : 위키백과

해킹 시리즈 또한 어김없이 마지막 장에 도달하였다. 그동안 결코 짧지 않은 여러 이야기들을 통해 해킹의 본질과 여러 실제적인 해킹 기법들에 대해 소개할 수 있었다. 해킹 시리즈의 마지막 장에 해당하는 소중한 이 시간에는 가장 유의미한 마무리로서 앞으로의 미래 전망에 대해 간단히 언급하며 유종의 미를 거두고자 한다. 가장 먼저 던질 질문으로서 앞으로의 해킹의 미래는 어떻게 흘러가게 될까?

일단 기본적인 전제에 해당하는 사실로서 앞으로도 해킹의 위협은 결코 사라지지 않을 것이다. 디지털의 중요성이 더욱 증가하면서 국가나 세계 규범 차원에서 사이버 보안에 대한 정책이 더욱 확산되고 있다. 특히 해킹이 사람의 생명이나 공동체의 안녕을 위협할 수도 있는 단계까지 이르렀기에 정보보안의 중요성과 가치는 앞으로 더욱 증가하게 될 것이다.

바야흐로 인공지능이 해킹을 하는 시대가 도래하게 되었다. 하지만 이는 반대로 생각한다면 인공지능을 활용하여 해킹을 막을 수도 있다는 의미가 된다. 정보보안은 모든 최첨단 정보기술이 집약되는 종합예술의 장 그 자체라고 할 수 있다. 앞으로 인공지능을 비롯한 여러 최신 기술들이 모이고 활약하는 장으로서 정보보안의 가치가 더욱 기대되는 바이기도 하다.

기술의 발전에 따라 인류는 디스토피아를 맞이할 수도 있겠지만 이는 너무도 비관적인 전망이다. 낙관론자의 입장에서 감히 전망해 보자면 결국에는 궁극의 기술이 반드시 등장하게 될 것이다. 절대로 도청이 불가능한 양자암호통신과 같은 여러 궁극의 기술들에 대해 각 국가 차원에서 사활을 걸고 개발을 추진 중에 있으며 이는 인류의 미래를 위해서도 대단히 중요한 진일보에 해당한다. 늘 그래왔듯이 새롭게 발견된 궁극의 기술 또한 먼 훗날 한계에 직면하여 역사 속으로 사라지겠지만, 이와 같은 인류의 진일보는 한동안 우리를 보호하고 지탱해 줄 것이다.

　모든 사람들이 위대한 해커 정신으로 무장하여 세상을 바꾸는 것에 동참하는 시민 해커 또한 등장하게 될 것이다. 기술은 앞으로 점점 더 민주화가 될 것이고 누구나 기술의 혜택을 누리고 활용하면서 선순환의 장에 동참할 수 있는 세상이 올 것이다. 진정한 의미의 해커 정신의 실천은 바로 모든 사람들에 의해 전 지구적인 차원에서 이루어지는 세상이 도래할 것이라 감히 상상해 본다. 너무도 이상적인 것은 항상 현실과 맞지 않지만 결국 큰 틀에서의 방향성은 이와 같이 흘러가게 될 것이라 확신한다.

4

네트워크 보안

아파넷

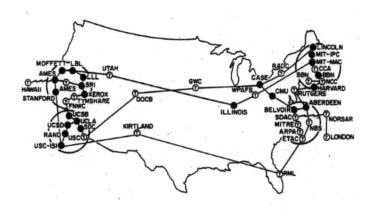

[사진 62] 아파넷(ARPANET) 네트워크 맵
출처 : https://commons.wikimedia.org/wiki/File:Arpanet_in_the_1970s.png

정보보안에 있어 네트워크 보안은 너무도 중요하다. 왜냐하면 세상의 거의 모든 것들이 네트워크를 통해 상호 연결되어 있는 세상이기 때문이다. 이를 우리는 쉬운 말로 인터넷(Internet)이라고 표현하는데, 이제는 너무도 흔한 말이 되었지만 그 중요성은 이루 말할 수 없을 정도다. 네트워크 보안은 거칠게 말해 이러한 인터넷을 보호하기 위한 종합적인 시스템을 의미한다. 따라서 우선 인터넷이 무엇인지 알아야 네트워크 보안을 보다 더 깊게 이해할 수 있을 것이다. 이에 따라 먼저 인터넷의 개요에 대해서 간단히 소개하도록 하겠다.

먼저 인터넷은 아파넷(ARPANET)이라는 미국의 군용 네트워크에서 출발하였다. 1969년에 UCLA LA 캠퍼스와 스탠퍼드 연구소 사이 최초의 데이터 통신에 성공한 것이 역사적인 출발점이라고 할 수 있다. 최초로 전송된 메시지는 'lo'라는 두 글자였는데 원래는 'login'이라는 문자열을 보내려고 했으나 전송 도중에 시스템이 다운되어 앞의 두 글자만 전송되었기 때문이었다. 아파넷은 미국과 소련 사이의 냉전으로 인한 핵전쟁에 대비하여 국가적 차원의 네트워크 구축 프로젝트로서 시작되었는데 대학과 연구소를 중심으로 점차 확산되기 시작하였다.

아파넷이 중요한 의미를 가지는 이유는 거대 통신망 중 최초로 패킷 교환 방식을 채택하였기 때문이다. 패킷 교환 방식 이전에는 회선 교환 방식이 사용되었는데, 이의 대표적인 사례로서 전화를 들 수 있다. 전화의 경우 상대방과 통화 중인 경우에는 다른 사람이 중간에 끼어들 수 없는데 그 순간 회선을 독점하는 구조이기 때문이다. 이는 안정성이 높은 장점은 있지만 효율성이 극도로 떨어지는 문제점이 있다. 하지만 패킷 교환 방식은 패킷이라는 잘게 쪼개어진 기본 전송 단위를 바탕으로 회선의 독점 없이 다수 대 다수의 노드 간 자유롭게 통신이 가능한 방식이다. 이는 엄청난 진일보에 해당하는데, 지금의 인터넷 또한 패킷 교환 방식을 근간으로 하고 있다.

아파넷이 중요한 또 다른 이유는 TCP/IP라는 프로토콜을 최초로 채택하였기 때문이다. TCP/IP에 대해 상세히 설명하려면 다소 전문적인 지식이 언급되어야 하기에 여기서는 '인터넷이 효율적으로 동작할 수 있도록 도와주는 기술 규약' 정도로만 이해하여도 충분하다. TCP/IP는 빈트 서프(Vint Cerf)와 로버트 칸(Robert Kahn)이라는 컴퓨터 과학자들에 의해 만들어졌는데, 그들은 인터넷의 탄생에 결정적으로 기여한 공로로 2004년에 튜링상을 공동으로 수상하게 된다.

이처럼 아파넷은 지금의 인터넷이 가지고 있는 패킷 교환 방식과 TCP/IP라는 핵심적인 특성을 모두 갖추고 있는 네트워크로서 1983년에 민간에 개방되게 된다. 그리고 이어서 월드 와이드 웹(World Wide Web)이 탄생하게 되면서 지금의 인터넷은 비로소 그 모습을 갖추게 된다.

월드 와이드 웹

앞서 소개한 아파넷에 이어 지금의 인터넷을 구성하는 또 하나의 거대한 축은 바로 월드 와이드 웹(World Wide Web)이다. 우리가 인터넷을 이용할 때 웹 브라우저에 웹 사이트의 주소를 입력하게 되는데, 그 주소는 항상 http로 시작하고 앞 주소에는 거의 대부분 www가 붙는다. 이건 바로 월드 와이드 웹에서 비롯된 규칙이라고 할 수 있다. 월드 와이드 웹은 유럽 입자 물리 연구소(CERN,

[사진 63] 월드 와이드 웹의 아버지, 팀 버너스 리(Timothy Berners-Lee)
출처 : https://commons.wikimedia.org/wiki/File:Sir_Tim_Berners-Lee_(cropped).jpg

Conseil Européenne pour la Recherche Nucléaire)에서 연구를 하던 팀 버너스 리(Timothy Berners-Lee)라는 과학자에 의해 탄생하게 된다.

http://info.cern.ch - home of the first website

From here you can:

- Browse the first website
- Browse the first website using the line-mode browser simulator
- Learn about the birth of the web
- Learn about CERN, the physics laboratory where the web was born

[사진 64] 세계 최초의 웹 사이트, info.cern.ch
출처 : http://info.cern.ch

팀 버너스 리는 당시 연구소 내부의 여러 과학자들 사이에서 논문과 실험 데이터를 원활하게 공유할 수 있는 방법을 고민하였다. 당시에도 인터넷이 존재하기는 하였지만 여러 단말이 접속해서 통신하기에는 불편한 점이 많았고, 이를 계량하거나 혹은 판을 뒤엎는 혁신이 필요하였다. 많은 고민 끝에 그는 웹 브라우저라는 발명품과 세계 최초의 웹 사이트(info.cern.ch)를 만들었으며 여기에 접속하면 하이퍼텍스트(Hypertext)와 하이퍼링크(Hyperlink)가 출력되는 기본 구성을 만들었다. 그리고 하이퍼링크를 누르면 여기에 연결된 또 다른 하이퍼텍스트로 넘어갈 수 있도록 구성하였다. 이와 같은 구조는 현재의 웹(Web)의 기본 형태라고 할 수 있는데, 지금은 너무도 당연하지만 웹이 최초로 발명된 1989년 당시에는 엄청난 혁신에 가까웠다.

클릭 몇 번으로 여러 하이퍼텍스트 사이를 이동할 수 있는 웹의 기본 구성은 너무도 단순하지만 실로 인류 최대의 발명품이라고 불릴 수 있는 것이었다. 팀 버너스 리는 여기에 더해 이와 같은 하이퍼텍스트를 원활하게 불러오고 전송할 수 있는 기본 프로토콜 또한 개발하였는데, 그것이 바로

HTTP(HyperText Transfer Protocol)이다. 웹 사이트 주소 앞에 항상 붙는 바로 그 http를 의미하는 것이다.

[사진 65] W3C(World Wide Web Consortium) 로고
출처 : 위키백과

월드 와이드 웹은 처음에는 연구용으로 사용되었다가 킬러 브라우저에 해당하는 넷스케이프(Netscape)가 등장하면서 전 세계적으로 널리 확산되게 된다. 그리고 지금과 같은 인터넷의 모습을 만들어 준 큰 기둥으로서 결정적인 기여를 하면서 지금까지도 명맥을 이어 오고 있다. 인터넷에 있어서 아파넷이 뿌리에 해당한다고 한다면 월드 와이드 웹은 실질적인 열매이자 동작 메커니즘에 해당한다고 할 수 있다.

팀 버너스 리는 자신의 위대한 발명품인 웹에 대해 특허를 부여하지 않고 누구나 이용할 수 있도록 자유롭게 개방하였다. 그리고 W3C(World Wide Web Consortium)라는 단체를 만들어 웹의 미래에 대해서 지속적으로 논의하고 있다. 이와 같은 위대한 공로로 인해 팀 버너스 리는 2016년에 튜링상을 수상하였으며 그는 '월드 와이드 웹의 아버지'로 불린다. 그 또한 진정한 의미에서의 또 한 명의 인류의 위대한 해커라고 할 수 있는 것이다.

방화벽

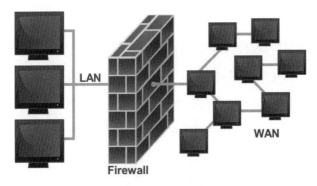

[사진 66] 방화벽(Firewall)

출처 : https://commons.wikimedia.org/wiki/File:Firewall.png

앞서 소개한 월드 와이드 웹에서 볼 수 있듯이 인터넷은 개방과 공유를 특징으로 한다. 이와 같은 위대한 철학으로 인해 인터넷은 지금과 같은 모습으로 성장할 수 있었고 인류 문명의 근간으로도 작동되고 있다. 하지만 인터넷이 마냥 개방으로만 나아가기 어려운 이유 또한 필연적으로 존재한다. 경우에 따라서는 인터넷도 어느 정도의 경계와 보호 구역이 반드시 필요하다. 예를 들어 국가나 기업의 중요 시스템 그리고 개인의 프라이버시 등은 당연히 보호되어야 하기 때문이다. 이에 따라서 격리와 차단의 측면에서 네트워크 보안의 필요성이 대두하게 된다.

네트워크 보안을 구현하는 가장 단순한 방법은 인트라넷(Intranet)이라는 외부와는 격리되고 차단된 별도의 망을 구성하는 것이다. 하지만 이는 뒤에서 별도로 소개하도록 하고, 가장 먼저 대표적인 네트워크 보안 솔루션에 대해 소개하도록 하겠다. 네트워크를 보다 더 안전하게 보호하기 위한 여러 고민들은 정보보안의 역사에 그대로 녹아 있다. 이와 같은 흔적이 방화벽, IDS, IPS 등의 구현체로 나타나면서 현재까지도 발전을 거듭하며 이어지고 있다.

네트워크 보안의 시조는 누가 뭐라고 해도 방화벽(Firewall)이라고 할 수 있다. 이름 그대로 외부의 공격으로부터 내부의 자원을 안전하게 보호하는 솔루션이다. 마치 화재를 방어하는 벽과 같다고 하여 방화벽이라는 이름이 붙여졌다. 결국 외부의 공격이 내부의 중요한 자원으로 번지지 않도록 방어하는 것이 가장 중요하다고 할 수 있다. 이에 따라 방화벽을 구성할 때 대부분 스크린드 서브넷(Screened Subnet)이라는 이름만 들어도 복잡한 구축 방식을 사용하는데, 이를 쉽게 설명하자면 외부와 내부를 명확하게 구분하고 여기에 더해 중간에 DMZ(Demilitarized Zone)라는 완충 지역까지 두면서 내부를 보다 더 철저하게 보호하는 구성 방식을 의미한다. 결국 여러 겹의 방어선을 통해 내부의 자원을 보다 더 안전하게 보호하고자 하는 전략이라고 할 수 있다.

네트워크의 핵심은 앞서 소개한 TCP/IP 프로토콜이라고 할 수 있는데, 방화벽은 그 유명한 TCP 프로토콜이 소속된 전송 계층(4계층)을 방어하는 솔루션이다. 다소 전문적인 용어를 언급했지만 그냥 가볍게 보고 넘어가도 무방하다. 그런데 요즘에는 해커들이 너무 똑똑하다 보니 공격의 패턴이 매우 복잡해서 이제는 단순히 TCP 프로토콜까지만 검사를 해서는 더 이상 통하지 않는 세상이 되었다. 그래서 뒤에서 소개할 IDS, IPS와 같은 보다 더 발전된 솔루션이 등장하면서 이와 같은 간극을 메우게 된다. 하지만 방화벽은 지금까지도 여전히 네트워크 보안에서 1차 방어선으로서 가장 널리 사용되는 핵심 솔루션이라고 할 수 있다.

IDS, IPS

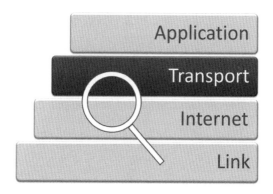

[사진 67] 계층 기반 탐지 개념도
출처 : https://en.wikipedia.org/wiki/File:Internet_Protocol_
Analysis_-_Transport_Layer.png

방화벽에 이어 다음으로 설명할 IDS(Intrusion Detection System)는 너무도 영리해진 해커들에 대응하여 만들어진 방화벽의 진화 버전이라고 할 수 있다. 앞서 방화벽이 전송 계층(4계층)까지만 검사를 하는 제약 사항이 있다고 말했는데, IDS는 어플리케이션 계층(7계층)까지도 커버할 수 있는 향상된 능력을 보유하고 있다. 이를 쉽게 설명하자면 방화벽은 단순히 어디에서 오는지만 확인하고 막는 구조라면, IDS는 공격의 내용까지도 감지할 수 있다는 것이다. 그리고 IDS는 네트워크 패킷만 보고 공격을 탐지하는 네트워크 기반 IDS와 서버에 직접 설치되어 공격을 탐지하는 호스트 기반 IDS 등 여러 형태로 공격을 탐지할 수 있는 다변화된 전략 또한 가지고 있다.

이에 더해 최근에 IDS는 이상 탐지(Anomaly Detection)라는 기법 또한 도입하여 적극 사용하고 있다. 이상 탐지란 쉽게 말하자면 기존에 알려지지 않은 새로운 형태의 공격에도 똑똑하게 대응할 수 있는 기법을 말한다. 그동안 알려진 공격 패턴을 누적된 데이터베이스에 저장한 뒤 이를 참고해서 대응하는 기법을 오용 탐지(Misuse Detection)라고 하는데, 최근의 해커들은 너무도 영악한 나머지 이러한 알려진 패턴을 벗어나는 여러 변종 공격들을 가볍게 수행할 수 있다. 그래서 휴리스틱 분석, 행동 분석과 같은 각종 통계 기반의 복잡한 기술을 활용한 이상 탐지를 통해 새로운 공격에도 유연하게 대처할 수 있도록 노력하고 있다.

마지막으로 IPS(Intrusion Prevention System)는 IDS의 진화 버전이라고 할 수 있다. 다행히 기능적으로 크게 달라지는 부분은 없다. 다만 IDS는 단순히 탐지까지만 가능한 솔루션인 반면에 IPS는 탐지에 더해 즉각 대응까지도 할 수 있다는 큰 차이가 있다. 물론 IDS도 이왕이면 탐지도 하고 대응도 하고 싶었겠지만 최초로 등장했던 1980년대 당시에는 도저히 실시간으로 대응까지 가능한 컴퓨팅 자원이 되지 못했다. 하지만 하드웨어와 소프트웨어의 비약적인 발전으로 인해 실시간 대응까지도 가능한 여건이 되면서 IPS라는 궁극의 진화체가 비로소 탄생하게 된 것이다.

망분리

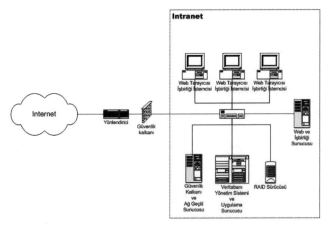

[사진 68] 인트라넷 구성도
출처 : https://commons.wikimedia.org/wiki/File:Intranet.png

앞서 방화벽, IDS, IPS라는 네트워크 보안의 가장 기본적이고도 중요
한 삼총사에 대해 소개하였다. 개방과 공유를 특징으로 하는 인터넷은 경
우에 따라서는 격리와 차단이 필요하기에 이와 같은 삼총사는 매우 중요

한 역할을 한다. 하지만 애초에 인터넷과 아예 분리된 인트라넷(Intranet)이라는 내부 전용 네트워크를 구성한다면 삼총사의 걱정이 조금은 덜어질 수 있을 것이다. 실제로 기업이나 국가의 중요 시스템의 경우 내부 관계자들만 접근할 수 있는 인트라넷의 구성은 반드시 필요할 수밖에 없다. 따라서 지금부터는 인트라넷을 구성하기 위한 가장 대표적인 방식에 해당하는 망분리에 대해 간단히 소개하도록 하겠다.

망분리란 업무망과 인터넷망을 완전히 분리하는 작업을 의미한다. 여기서 업무망이란 회사 내부 직원들이 업무 목적으로 사용하는 네트워크를 의미한다. 은행을 예로 들면 고객 정보나 거래 데이터 등을 처리하는 중요 업무 시스템들은 모두 업무망에서 동작된다고 할 수 있다. 다음으로 인터넷망은 이름 그대로 구글이나 네이버 등의 인터넷 사이트에 자유롭게 접속이 가능한 네트워크를 의미한다.

그렇다면 망분리는 왜 필요하며 어떤 효과가 있을까? 일단 대부분의 악성코드는 인터넷망을 통해 유입이 된다고 할 수 있다. 직원이 인터넷을 하면서 무심코 다운로드를 받은 파일에 악성코드가 있어서 PC가 감염이 되고 근처 PC로도 전파가 되고 업무망까지 감염시키는 경우가 얼마든지 발생될 수 있다. 이에 따라 아예 인터넷망과 업무망을 완전히 분리시켜 업무망을 원천적으로 보호하도록 네트워크를 구성하는 것이 바로 망분리라고 할 수 있다. PC를 2대 구성해서 하나는 인터넷망에 연결하고 하나는 업무망에 연결해서 분리시켜 사용하는 방법 등이 그 예라고 할 수 있다.

망분리를 도입하면 해커가 아닌 해커 할아버지가 오더라도 업무망을 절대 뚫을 수 없다고 흔히 농담 삼아 말하기도 한다. 확실히 한국을 기준으로 보더라도 망분리가 의무화된 이후 예전에 비해 대규모의 사고가 덜 발생하고 침해 사고를 강력히 예방하는 효과가 존재하는 것은 사실이다. 그러나 단순히 망분리를 도입하기만 하면 무조건 안전할까? 여기서 우리는 정보보안의 영원한 격언인 '보안에 100%는 없다'라는 명언을 다시 떠올려야만 한다.

해커 할아버지도 뚫을 수 없는 망분리에도 취약점은 존재한다. 먼저 인터넷망과 업무망을 연결하는 망연계 구간의 취약점을 들 수 있다. 업무를 하다 보면 인터넷망에서 다운로드한 파일을 업무망으로 가져와야 하는 경우가 반드시 발생하게 되는데 이러한 경우 예외적으로 승인을 받아서 파일을 반입하게 된다. 이러한 경우를 위해 망연계 솔루션이 존재하게 되는데 여기가 취약하다면 결국 어떻게든 악성코드가 유입이 될 수밖에 없을 것이다. 따라서 망연계 솔루션의 경우 CC 인증을 받은 높은 보안성을 가진 제품을 주로 선정하게 된다.

그다음으로는 사회공학에 의한 업무망 침투 등의 취약점을 들 수 있다. 대표적인 사례로서 악성코드편에서도 언급한 스턱스넷이라는 어마무시한 악성코드를 들 수 있다. 스턱스넷의 경우 감염 경로에 대한 여러 설이 존재하지만, 해커가 사회공학 기법을 이용하여 악성코드가 들어 있는 USB를 핵 시설 노동자에게 전달하였고 이 사람이 내부망에 있는 PC에 USB를 꽂았으며 이로 인해 업무망에 악성코드가 전파된 것으로 파악하고 있다. 내부망 PC에 감염된 USB를 꽂는 순간 판도라의 상자가 열려서 악성코드가 업무망에 전파되기 시작하였고 결국 원심 분리기 파괴까지 이어진 것이다. 스틱스넷의 경우 워낙 예외적인 케이스이긴 하지만 결국 인간에 의해 보안에 구멍이 생기면 망분리도 가볍게 우회가 가능하다는 것을 보여 주는 충격적인 사례이다.

VPN

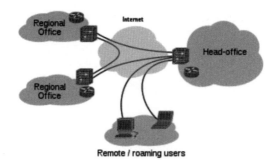

[사진 69] VPN 개념도
출처 : https://commons.wikimedia.org/wiki/File:Virtual_
Private_Network_overview.svg

앞서 설명한 인트라넷은 대부분의 기업에서 실제로 구성하고 있다. 자체 내부망을 만들어 외부자가 접근할 수 없도록 원천적으로 차단하는 것이다. 그런데 경우에 따라서는 원격지에서 기업의 인트라넷 내부로 접근이 필요한 경우가 충분히 생길 수 있다. 예를 들어 코로나19로 부각된 재택 근무의 경우 집에서도 회사의 인트라넷에 접속할 수 있어야만 한다. 그렇다면 도대체 어떠한 방법을 써야 망분리 된 내부의 인트라넷에 들어올 수 있을까? 여기서 바로 VPN이 구원투수로 등장하게 된다.

VPN(Virtual Private Network)이란 암호화를 통해 전용선을 구현하는 기술을 의미한다. 정식 용어로 다시 설명하자면 공중망에서 가상의 사설망을 구현하는 기술이라고 할 수 있다. 초반부터 이상한 용어를 거듭 사용하여 죄송하다. 그냥 쉽게 생각해서 안전한 암호 기술을 이용해서 다른 사람이 함부로 침범할 수 없는 고유의 회선을 만드는 기술이라고 이해하면 된다. 전용선은 특정 고객을 위해 독점적으로 제공되는 회선을 의미하는데 VPN을 이용하면 통신사로부터 비싼 전용선을 임대하지 않고도 암호학의 마법을 이용해서 전용선의 구현이 가능하다.

앞서 설명한 것처럼 인터넷으로 대표되는 공중망은 전세계 누구나 접근이 가능한 회선이다. 따라서 도청이나 변조 등의 보안 위협을 언제든지 받을 수 있다. 물론 가볍게 인터넷 서핑을 하거나 유튜브를 보는 등의 목적이라면 상관이 없겠지만 기업 내부의 업무를 처리하거나 영업비밀 등을 다룰 때 공중망은 적합하지 않다. 이에 따라 기업에서는 앞서 언급한 인트라넷 형태의 사설망을 구축하여 운영하는데 과거에는 비싼 전용선을 통해 인트라넷을 구성했지만 최근에는 VPN을 이용하여 비교적 쉽게 사설망을 구축할 수 있다.

그렇다면 도대체 VPN은 어떻게 구현할 수 있을까? 거칠게 말해서 VPN

의 시작과 끝은 암호화라고 할 수 있다. A와 B 사이에 통신을 하는데 오직 서로만 알고 있는 키를 교환해서 해당 키로 안전하게 통신 채널을 암호화 하는 것이 VPN의 전부라고 해도 과언이 아니다. 이처럼 A와 B 사이에 안 전한 경로를 만드는 것을 터널링이라고 부르며 이를 위해서 키를 관리하 고 패킷을 캡슐화하는 등 여러 복잡한 기술을 적용할 수 있다.

VPN을 구현하는 기술은 정말 다양하지만 대표적으로는 IPSec과 SSL-VPN을 꼽을 수 있다. 이외에도 MPLS, L2TP, PP2P, L2F 등 여러 고전적인 기술도 존재하지만 여기까지는 깊게 몰라도 충분한 것 같다. 먼저 IPSec 에 대해 설명하자면 그야말로 암호학의 정수가 담긴 기술이라고 할 수 있는데 AH(Authentication Header)를 통해서 무결성을 달성할 수 있고 ESP(Encapsulating Security Payload)를 통해서 무결성에 더해 기밀성까 지 달성할 수 있다. 여러 외계어들을 마구잡이로 나열하였지만 IPSec은 그냥 엄청 안전하고 복잡한 VPN 기술이라고 생각하면 된다. 구조가 복잡 하므로 주로 장비와 장비 간의 사설망 구성을 위해 사용된다.

다음으로 SSL-VPN에 대해 설명하자면 흔히 사용되는 SSL 프로토콜을 이용한 VPN 기술이라고 할 수 있다. 웹 브라우저에서 https로 시작하는 주소는 모두 SSL 기술을 이용하고 있다. IPSec에 비하여 단순하고 경량화 된 특징이 있어 사용자와 장비 간의 통신에서도 활용이 가능하다. 최근에 이슈가 되고 있는 재택근무 등은 대부분 SSL-VPN을 이용해서 구현된다고 할 수 있다. 앞서 설명한 대로 IPSec은 본사와 지사 간의 연결과 같은 장비 와 장비 간의 연계에 많이 사용되는 반면 SSL-VPN은 사용자가 직접 특정 장비에 접속하는 형태로 사용된다.

VPN을 이용하면 집에서도 회사 내부의 인트라넷에 안전하게 접속할 수 있다. 상호 간의 터널링을 기반으로 키를 공유한 상태이기 때문에 인트라넷에 접속할 수 있는 자격이 되기 때문이다. 하지만 접속하는 사람이 정말 내가 맞는지에 대한 인증 절차는 두말할 나위 없이 중요하다고 할 수 있다. VPN 자체는 아무리 안전하다고 하더라도 정작 VPN에 아무나 로그인할 수 있다면 무용지물이기 때문이다. 따라서 VPN 접속 시 비밀번호뿐만 아니라 OTP나 생체인증과 같은 부가 인증 요소를 사용하여 철저한 인증 절차의 수행이 반드시 필요하다.

VPN은 사설망 구성 목적 이외에도 여러 검열을 우회하는 용도로도 많이 활용된다. 예를 들어 내가 프랑스에 있는 VPN에 접속한다면 프랑스에서 인터넷을 하는 것과 똑같은 상태이므로 한국에서 시행하는 검열을 모두 우회할 수 있다. 여러 역기능이 존재하는 것도 사실이지만 강력한 암호화를 근간으로 개인의 프라이버시를 추구하기 위한 용도로도 VPN은 활용될 수 있다.

SSL/TLS

[사진 70] SSL을 발명한 전설의 넷스케이프(Netscape)사
출처 : 위키백과

　앞서 설명한 VPN은 암호학의 마법을 이용하여 안전한 고유 회선을 만드는 기술에 해당한다. 이처럼 네트워크 보안에서 암호학이 차지하는 비중은 절대적이라고 할 수 있다. 설령 모든 것이 도청되더라도 해독을 할 수 없게 만들면 그만이기 때문이다. 다음으로 소개할 기술은 암호학의 끝판왕이자 네트워크 보안의 절대자라고 할 수 있는 존재로서 바로 SSL(Secure Socket Layer)이라고 불리는 궁극의 암호화 기술이다.

　SSL은 앞서 암호편에서 설명한 비대칭키 알고리즘을 기반으로 하는데 비밀키만 제대로 보관하면 죽었다 깨어나도 암호를 풀 수 없다. 비대칭키 알고리즘의 원리만 제대로 이해했다면 SSL은 손쉽게 이해할 수 있다. 하지만 필자도 정보보안에 종사하고 5년 정도 지나서야 비로소 SSL의 개념을 대략이나마 이해할 수 있었다. 따라서 설령 이해가 되지 않아도 결코 좌절할 필요가 없다. 최소한 필자보다는 모두 똑똑할 것이기 때문이다. 원래 간단한 진리일수록 어렵게 느껴지는 법인 것 같다.

SSL이 주로 사용되는 사례는 웹사이트라고 할 수 있다. 인터넷 브라우저에서 봤을 때 https로 시작하는 주소는 모두 SSL이 적용된 웹사이트이다. https가 적용된 사이트는 안전하다고 하는데 도대체 그 이유가 무엇일까? 정말 간단하게 설명하자면 비밀키는 오직 서버에만 보관되기 때문에 서버를 제외한 나머지는 죽었다 깨어나도 암호를 풀 수 없기 때문이다. 나머지가 아무리 키를 가지고 있어도 어차피 공개키이기 때문에 아무런 의미가 없으며 비밀키는 오로지 서버만 가지고 있기 때문에 암호화된 트래픽은 오직 서버만 해독할 수 있다. 이렇게 간단한 진리인데 필자는 이 사실을 받아들이는 데 무려 5년이나 걸렸다. 혹시라도 이해가 잘 안된다면 비대칭키 알고리즘 파트를 다시 읽어 보시길 권한다.

물론 서버에 저장된 비밀키가 노출된다면 이 모든 것이 무용지물이 된다. 예전에 한창 논란이 되었던 하트블리드 취약점 등은 모두 서버의 비밀키를 해킹할 수 있었기에 큰 이슈가 된 것이다. 이처럼 SSL은 비대칭키 알고리즘을 근간으로 하므로 결국 비밀키를 안전하게 보관하는 것이 가장 중요하다고 할 수 있다.

SSL은 클라이언트와 서버 사이에서 여러 단계의 복잡한 절차를 거쳐서 수립이 된다. 가장 먼저 Client Hello와 Server Hello라고 불리는 절차부터 시작하는데 그냥 서로가 각자 지원하는 알고리즘과 버전 등을 교환하는 과정이라고 할 수 있다. 그리고 그다음 단계가 중요한데 지금 통신하려는 상대방이 과연 신뢰할 수 있는 대상인지 검증하는 과정이라고 할 수 있다. 이 부분은 PKI라는 개념과도 연계되는 부분이라서 뒤에서 자세히 설명될 것이므로 지금은 무시해도 될 것 같다.

마지막 단계로서 서로 통신하는 내용을 암호화할 때 사용하는 대칭키를 교환하는 과정이 있다. 여기서 교환하는 대칭키를 마스터키라고 말한다. 그런데 이 대목에서 분명 이상하다고 생각하는 사람이 있을 것이다. SSL은 비대칭키 알고리즘을 근간으로 한다고 했는데 왜 갑자기 대칭키가 나오는 것일까? 비대칭키로도 물론 암호화를 할 수 있지만 속도가 엄청 느리기 때문에 키 배송 용도로만 사용하고 실제 암호화는 대칭키를 통해 수행하는 원리라고 할 수 있다. 클라이언트에서 난수를 생성한 뒤 공개키로 암호화해서 서버로 보내면 이러한 난수는 오직 서버와 해당 클라이언트만 알 수 있으므로 해당 난수를 마스터키로 사용해서 서로 간에 안전하게 통신을 진행할 수 있다. 결국 이러한 여러 복잡한 과정을 거쳐 SSL 수립 절차는 비로소 종결된다.

SSL은 전설적인 웹 브라우저 회사로 유명한 넷스케이프사에 의해 최초로 개발되었다. 그러다가 국제 표준으로 승격되면서 TLS(Transport Layer Security)라는 이름으로 변경되었다. 그러나 단순히 이름만 달라졌을 뿐이지 TLS는 SSL과 사실상 동일하다고 할 수 있다. TLS는 SSL에서 약간 버전이 올라간 프로토콜이라고 보면 될 것 같다.

OSI 7계층(1)

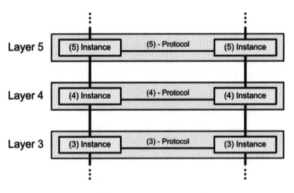

[사진 71] OSI Model 그림

출처 : 위키백과

지금까지 네트워크 보안의 가장 핵심적인 개념들 위주로 소개하는 자리를 가졌다. 대단히 가치가 있는 시간들이었지만 지금 이 시점에서 뭔가 알 수 없는 알맹이가 빠진 듯한 허전한 마음을 감출 수가 없다. 왜냐하면 네트워크하면 꼭 등장해야 하는 바로 그분이 아직 소개가 되지 않았기 때문이다. 우리는 네트워크가 아닌 네트워크 보안을 여행하고 있는 입장이기는 하지만 네트워크의 상징이기도 한 이 전설적인 존재를 지나치고 결코 여행을 끝낼 수는 없을 것이다. 그는 바로 OSI 7계층이다.

네트워크 보안에 대해 공부하다 보면 앞서 소개한 방화벽, IDS, IPS 등여러 장비가 등장한다. 그런데 방화벽은 4계층까지만 탐지할 수 있다느니 IDS는 7계층까지도 체크할 수 있다느니 등등 계층이라는 용어가 거의 항상 등장한다. 그런데 여기에서의 계층이란 그 유명한 OSI 7계층을 근간으로 하는데 네트워크 보안을 보다 명확히 이해하기 위해서는 OSI 7계층에 대한 숙지가 반드시 필요하다. OSI 7계층은 네트워크에 대한 표준으로서 정보보안뿐만 아니라 컴퓨터과학 전체에서 보더라도 대단히 중요한 개념이므로 알고 있으면 큰 도움이 된다. 지금부터 OSI 7계층에 대해 핵심 엑기스 위주로 간략히 설명하도록 하겠다.

OSI 7계층은 이름 그대로 7개의 계층으로 구성된다. 그리고 각 계층은 네트워크의 원활한 동작을 위해 각자 고유의 기능을 담당한다. 그런데 7개 계층의 빠른 이해를 위해서는 먼저 양 극단에 해당하는 2개의 계층(1계층과 7계층)부터 파악하고 이 사이의 중간 계층들(2계층부터 6계층)은 이 2개 계층의 동작을 위한 절차라고 생각하고 접근하면 굉장히 편하다. 지금부터 간단한 사례를 기반으로 설명하도록 하겠다.

예를 들어 철수가 사무실에서 네이버에 접속한다고 가정해 보자. 철수는 노트북으로 네이버에 접속을 할 텐데 이를 위해서는 분명 어떤 형태로든 전기 신호를 주고받아야만 한다. 이는 지극히 당연한 사실이고 어떤 구조인지는 정확히 몰라도 어쨌든 전기의 형태로서 반드시 신호가 전송이 되고 수신이 되어야만 한다. 여기서의 전기 신호가 바로 1계층(물리 계층)에 해당한다고 할 수 있으며, 가장 하위의 계층에 속한다. 이 부분은 엄밀히 말해서 전기전자공학의 영역이라고 할 수 있다.

그리고 네이버에 접속해서 즐겁게 인터넷을 하는 것 자체는 7계층(응용계층)에 해당하며 가장 상위의 계층에 속한다. 인터넷은 HTTP라는 프로토콜을 통해서 동작되는데 이게 결국 네트워크를 이용하는 궁극적인 목적이며 최상위 계층에 해당한다고 할 수 있다. 결국 앞서 설명한 1계층의 전기 신호가 결국은 네이버 웹 서핑(HTTP)이라는 7계층으로 변환이 된다고 할 수 있는데 중간의 계층들(2계층부터 6계층)이 바로 그 중간다리 역할을 해 준다. OSI 7계층은 결국 1계층과 7계층 사이를 이어 주기 위한 각 계층의 역할을 정의한 표준이라고 말할 수 있다.

OSI 7계층(2)

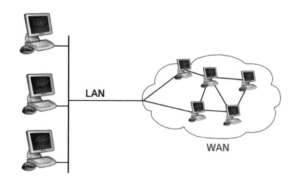

[사진 72] LAN와 WAN
출처 : https://commons.wikimedia.org/wiki/File:Gateway_firewall.svg

그러면 이제부터 중간 계층들에 대해서 설명하도록 하겠다. 철수가 노트북을 통해 네이버에 접속을 하는 경우 해당 신호는 무수히 많은 네트워크 장비를 거쳐서 전달 된다. 이러한 여러 장비들 중 첫 출발지는 바로 철수가 있는 사무실의 공유기라고 할 수 있다. 공유기에서 출발한 신호는 중간에 존재하는 무수히 많은 라우터를 거쳐서 네이버에 도달하게 된다. 철수의 사무실은 서울에 있고 네이버의 서버는 춘천에 있다면 이 사이에는 무수히 많은 장비들이 있을 것이다. 여기서 철수의 노트북과 공유기 간의 연결이 바로 2계층(데이터링크 계층)에 해당하며 공유기에서 여러 라우터를 거쳐 네이버로 도달하는 연결이 3계층(네트워크 계층)에 해당한다.

설명이 다소 복잡하지만 핵심만 말하자면 2계층과 3계층을 나누는 분기점은 바로 공유기라고 할 수 있다. 2계층은 공유기를 중심으로 하는 좁은 사무실 내에서의 디바이스 간 연결을 담당하며 이를 전문용어로 LAN(Local Area Network)이라고 한다. 영어 뜻 그대로 좁은 영역에서의 네트워크를 뜻한다. 그리고 3계층은 서울에 있는 사무실의 공유기에서부터 춘천에 있는 네이버의 서버까지 연결을 위해 어떤 중간 장비들을 경유해야 하는지 길을 잡아 주는 역할을 하며 이를 WAN(Wide Area Network)이라고 한다. 이 또한 영어 그대로 넓은 영역에서의 네크워크를 의미한다.

다음으로 4계층(전송 계층)에 대해 설명하겠다. 4계층은 거칠게 말해서 중간에 어떤 라우터를 통과하는지 어떤 장비를 거치는지 등은 전혀 관심이 없다. 오직 철수의 노트북과 네이버라는 양 극단에만 신경을 쓴다. 4계층은 종단 간에 서로 어떤 약속을 가지고 데이터를 주고받을지를 정의하고 패킷 전송 시 오류가 발생하지는 않았는지 등을 꼼꼼하게 확인하는 역할을 한다. 그 유명한 TCP와 UDP가 바로 4계층에 속한다. 사실 3계층은 길만 잡아 주는 역할만 하고 데이터가 제대로 전송이 되었는지는 전혀 신경을 쓰지 않는데, 4계층이 바로 신뢰성 있게 데이터를 송수신하도록 도와주는 역할을 한다. 여기까지가 4계층에 대한 설명이었고 이 정도까지 이해하였다면 OSI 7계층을 거의 대부분 이해한 것과 다름이 없다.

나머지 계층들은 다소 추상적인 성격이 강해서 간략하게만 설명하겠다. 5계층(세션 계층)은 철수의 노트북과 네이버 간의 연결을 맺을 때 보다 더 확실하게 논리적인 연결을 수립하기 위한 약속을 의미한다. 이를 세션이라고 하며 SSL이 바로 여기에 속한다. 6계층(표현 계층)은 철수의 노트북에서는 영어만 사용할 수 있는데, 네이버는 한국어만 지원하는 경우 서로 문제가 생길 수 있으므로 상호 간 표현 양식을 교환하고 합의하는 계층을 의미한다. 일종의 통역사 역할을 해 주는 계층이라고 할 수 있다.

여기까지 길고 긴 OSI 7계층에 대한 설명이었다. 깊게 들어가자면 한도 끝도 없고 밤을 새워도 모자랄 만큼 방대하고 중요한 개념이다. 하지만 위의 내용 정도만 이해해도 정보보안의 세계를 탐험하기에는 충분하다고 말할 수 있겠다.

제로 트러스트

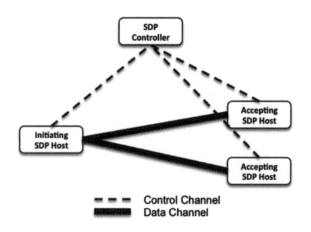

[사진 73] SDP(Software Defined Perimeter) 아키텍처
출처 : 위키백과

어느덧 네트워크 보안 시리즈도 끝을 향해 나아가고 있다. 시리즈의 도입부에서 소개했던 것처럼 네트워크의 시초는 아파넷과 월드 와이드 웹이

라고 할 수 있으며 지금 우리가 인터넷이라는 형태로 누리고 있는 모든 것들은 바로 네트워크의 산물이라고 할 수 있다. 개방과 공유를 특징으로 하는 인터넷은 전 지구 차원의 네트워크로 확산되었으며 인류의 삶에 여러 긍정적인 영향을 주고 많은 혁신을 선도하고 있다. 그러나 정보보안의 측면에서 보았을 때 일부 구멍이 있는 것 또한 사실이기에 이를 해소하기 위해 방화벽, IDS/IPS, VPN 등 여러 네트워크 보안 기술들이 대두하게 되었다.

역사 속에 등장한 보안 기술들은 모두 엄청난 의미가 있지만 아예 근본적인 차원에서 패러다임의 전환이 이뤄질 수는 없는 것일까? 물리학으로 따지자면 뉴턴의 고전 역학에서 아인슈타인의 상대성 이론으로 획기적으로 패러다임이 전환된 것처럼 말이다. 비록 아직 그 정도 수준까지 진전되지는 못했지만 상당히 유의미한 고민과 접근이 이뤄지고 있는 새로운 정보보안 패러다임을 하나 소개하고자 한다. 바로 제로 트러스트(Zero Trust)이다.

제로 트러스트는 이름 그대로 아무도 신뢰하지 않는 보안 시스템이라고 할 수 있다. 제로 트러스트가 최초로 개념화가 된 시기는 20세기 후반에 해당하며 그 연원이 결코 짧지는 않지만 제로 트러스트가 특히 더 부각된 배경은 바로 코로나19라고 할 수 있다. 코로나로 인해 재택 근무 등 원격지 근무가 활성화되면서 어디에서나 기업 내부의 중요 자원에 접근이 필요한 상황이 되었다. 이에 따라 네트워크 접근 방식이 너무도 다변화되면서 내부와 외부 사이에 경계를 두는 기존의 방식으로는 무수히 많은 독립 변수에 대한 대응이 도저히 불가능하게 된 것이다. 이로 인해 그냥 모두를 불신하는 백지 상태에서 시작하고 여기에서 하나씩 신뢰의 블록을 쌓아가는 형태의 패러다임의 전환이 생기게 되었다.

이처럼 제로 트러스트의 가장 큰 특징은 바로 화이트리스트(Whitelist) 기반 접근제어라고 할 수 있다. 기존에는 '차단할 자들만 막고 나머지는 다 허용'하는 블랙리스트(Blacklist) 기반 접근제어였다면, 제로 트러스트는 '허용할 자들만 들이고 나머지는 다 차단'하는 방식으로의 전환이라고 할 수 있다. 이러한 화이트리스트 기반 접근제어는 콜럼버스의 달걀처럼 누구나 쉽게 생각할 수 있는 별것 아닌 아이디어라고 간주될 수도 있을 것이다. 그러나 사소한 차이를 실무적으로 생각해 내는 것과 이를 현실 세계에 실제로 구현해 내는 것이 결국 패러다임의 대전환을 만들어 내는 출발점이자 혁명 그 자체라고 할 수 있는 것이다.

이외에도 제로 트러스트는 접속 IP가 아닌 사용자의 아이디를 기반으로 접근통제를 수행하는 특징을 가지고 있고, 접속 중 주기적으로 정말 내가 맞는지 확인하는 인증을 수행하는 특징 등을 지니고 있다. 제로 트러스트는 아직까지는 그 개념이 차차 정립되고 있는 단계이기는 하지만 SDP(Software Defined Perimeter) 등의 형태로서 네트워크 보안 실무에 실제로 적용되고 있으며 VPN을 보완하고 대체하는 역할을 하면서 상당히 유의미한 성과를 내고 있다. 제로 트러스트가 물리학에서의 상대성 이론에 버금가는 대전환을 네트워크 보안에서 이루어 낼 수 있을지 그리고 정보보안의 성배를 찾는 모험에 좀 더 가깝게 다가갈 수 있는 커다란 진전을 이뤄낼 수 있을지 앞으로 설레고 기대되는 마음으로 지켜봐도 좋을 것 같다.

다크웹

[사진 74] 토르 네트워크 로고
출처 : https://commons.wikimedia.org/wiki/File:Tor-
logo-2011-flat.svg

네트워크 보안 시리즈를 마무리하면서 이걸 소개하지 않으면 너무 아쉬울 것 같은 주요 개념 두 가지 정도만 설명하고 유종의 미를 거두고자한다. 먼저 소개할 개념은 다크웹(Dark Web)으로서 현대 네트워크를 설명함에 있어 절대 빼먹으면 안 되는 중요 개념 중 하나에 해당한다.

다크웹(Dark Web)이란 쉽게 추적하기 힘들고 암호화된 지하 네트워크라고 할 수 있다. 우리가 인터넷을 생각했을 때 흔히 떠오르는 구글이나 네이버와 같은 사이트들은 사실 거대한 웹의 극히 일부라고 할 수 있다. 이를 서피스웹(Surface Web)이라고 표현하는데 마치 바다에 뜬 빙산에서 물 위에 보이는 얼음이 전부가 아니듯이 물 아래에도 거대한 얼음이 존재하기에 표층 웹이라고 부르는 것이다. 서피스웹은 전체 웹 중에서 약 4%의 비중만 차지한다고 알려져 있다.

앞서 설명한 인트라넷과 같이 기업 등에서 사용하는 사설 네트워크가 바로 물 아래에 존재하는 거대한 얼음이라고 할 수 있다. 전용선 혹은 VPN을 통해서만 해당 네트워크에 접속할 수 있다. 이러한 네트워크들을 딥웹(Deep Web)이라고 부른다. 그런데 다크웹은 여기에서 한 술 더 떠서 더욱 접속하기 어렵고 거의 완벽에 가까운 익명성을 포장하는 네트워크이다. 보통 토르 브라우저와 같은 특수 프로그램을 통해서만 접근이 가능하다. 다크웹은 프라이버시 보장과 같은 긍정적인 측면도 있지만 마약이나 범죄와 같은 목적으로도 활용되기에 다소 부정적인 이미지로 비치는 것이 사실이다.

그렇다면 다크웹은 어떠한 원리로 동작되는 것일까? 다크웹의 가장 대표적인 기술에 해당하는 토르(Tor) 네트워크를 기준으로 설명하겠다. 토르 네트워크의 핵심은 양파 라우팅이라고 할 수 있는데 여러 노드를 거치고 겹층 암호화까지 수행하면서 사실상 추적을 불가능하게 만드는 특징이 있다. 예를 들어 필자가 토르 브라우저를 깔고 네이버에 접속한다고 가정하면 필자가 생성한 패킷이 결국은 네이버에 도달하게 될 것이다. 그런데 토르 브라우저를 이용하면 패킷들은 무조건 전 세계에 포진한 토르 네트워크의 여러 노드들을 거치게 라우팅이 되고 또 경유할 때마다 디피-헬만, AES, TLS 등 이름만 들어도 무시무시한 여러 암호화까지 가미되면서 양파처럼 겹층으로 보호되게 된다. 따라서 이론적으로 전 세계에 존재하는 모든 노드들을 일일이 까보지 않는 이상 추적이 불가능하다고 말할 수 있는 것이다.

물론 모든 기술에는 100%가 없기에 토르 네트워크 또한 어떻게든 추적이 가능하도록 백도어를 심을 수도 있다. 하지만 여러 수사기관에서 죽자 살자 달려들지 않는 이상 토르 네트워크는 거의 완벽에 가까운 익명성을 보장한다고 할 수 있다. 이에 따라 토르 네트워크는 감시와 검열을 피하고자 하는 전 세계의 여러 시민운동가 등이 왕성하게 활동하는 무대로 적극 이용되고 있다. 반면 이루 형언할 수 없는 여러 불법적인 활동 또한 다크웹에서 매우 성행하고 있는 것이 현실이라고 할 수 있다.

모든 사물에는 양면성이 있다는 진리를 우리는 다크웹을 보면서 다시 한번 절실하게 느낄 수 있다. 프라이버시 보장이라는 순기능과 범죄의 온상이라는 역기능을 모두 가지고 있는 다크웹은 결국 기술은 사람이 어떻게 이끄느냐에 따라 가치가 결정된다는 만고의 진리를 다시 한번 상기시켜 준다.

양자암호통신

　네트워크 보안 시리즈에서 마지막으로 소개할 개념은 바로 양자암호통신이다. 마지막을 장식하는 기술로서 그 어떤 개념들보다도 잘 어울리는 기술이라고 확신한다. 하지만 부끄럽게도 필자는 아직까지 양자암호통신의 근본적인 원리를 프로 수준으로 깊게 이해는 못하고 있다. 양자역학은 정말로 전문가들의 영역 그 자체이기 때문이다. 하지만 정보보안 측면에서 설명이 가능한 핵심 엑기스 정도는 알고 있으므로 해당 부분에 입각해서 가볍게 설명하도록 하겠다. 따라서 독자분들도 마지막 수업에 참석한 느낌으로 부담 없이 편하게 읽어 주시면 좋을 것 같다.

　양자암호통신이란 양자역학의 원리를 기반으로 절대로 도청이 불가능한 궁극의 통신 기술이다. 이전에 설명한 대로 비대칭키 알고리즘을 이용하면 키를 안전하게 분배할 수 있다. 하지만 비대칭키 알고리즘은 구조가 대단히 복잡하고 속도 측면에서도 다소 느린 문제점이 있다. 그런데 만약 이 세상에 정말 궁극의 기술이 존재한다면 그냥 키를 암호화하지 않고 절대로 도청할 수 없도록 보호막을 쳐서 보내 버리면 되지 않을까 이런 재미있는 상상을 누군가는 반드시 해 봤을 것이다. 그런데 이는 비단 상상만이 아니라 실제 현실로 구현될 수 있다. 바로 양자암호통신을 이용하면 된다. 마치 마법과도 같은 기술이라고 할 수 있다. 그렇다면 양자암호통신은 도대체 어떤 원리로 구현될 수 있을까?

우선 양자암호통신은 양자역학을 근간으로 한다. 여기부터는 이해의 영역이라기보다는 그냥 그렇구나 생각하고 가볍게 읽고 넘어가면 될 것 같다. 양자중첩, 불확정성, 비가역성, 양자얽힘이 양자역학의 4대 원리라고 할 수 있다. 먼저 양자중첩에 대해 설명하자면 둘 이상의 상태가 동시에 중첩되는 것이 가능하다는 원리이다. 컴퓨터 분야로 한정해서 말하자면 전통적인 컴퓨팅 체계에서는 0과 1밖에 존재하지 않지만 양자역학에 의하면 0이자 동시에 1인 상태가 가능하다. 이러한 상태를 양자컴퓨팅에서는 큐비트(Qubit)라고 표현한다.

다음으로 불확정성에 대해 말하자면 가장 이해하기가 어려운 원리이므로 정말 간단하게만 언급하겠다. 하이젠베르크라는 학자가 발견한 원리이며 어떤 입자의 위치와 운동량을 동시에 측정할 수 없다는 원리이다. 여기까지만 설명하고 그냥 넘어가겠다. 다음으로 비가역성은 그나마 가장 직관적으로 이해할 수 있는 원리로서 양자로 구성된 정보를 관측하는 순간 붕괴되어 버린다는 이론이다. 이는 양자통신의 도청 불가능한 성질을 구현하는 가장 핵심적인 원리라고 할 수 있다. 마지막으로 양자얽힘은 굉장히 심오한 원리로서 쉽게 설명해서 한 쌍의 양자는 서로 우주 끝에 떨어뜨려 놓더라도 동시에 상호 통신할 수 있다는 이론이다. 심지어 빛의 속도도 뛰어넘어 서로 영향을 미칠 수 있는 엄청난 성질이다.

이처럼 양자암호통신은 심오한 양자역학의 원리를 기반으로 구현되는 궁극의 통신 기술이다. 사실 양자역학은 이해가 불가능할 정도로 어려운 내용이지만 결국 양자암호통신의 핵심은 제3자가 관측하는 순간 붕괴가 되는 통신 채널이라고 말할 수 있다. 도청이나 변조의 가능성을 원천적으로 차단하는 통신 기술이다. 따라서 암호화를 전혀 하지 않아도 송신자와 수신자 사이에 안전하게 키

[사진 75] 양자 역학의 선구자인 베르너 하이젠베르크, Attribution: Bundesarchiv, Bild 183-R57262 / Unknown author / CC-BY-SA 3.0
출처 : https://commons.wikimedia.org/wiki/File:Bundesarchiv_Bild183-R57262,_Werner_Heisenberg.jpg

를 분배할 수 있다. 이처럼 안전하게 키를 전달할 수 있는 양자암호통신의 핵심 기술을 양자 키 분배(Quantum Key Distribution)라고 부른다. 이외에도 양자난수생성기(QRNG), BB84, COW04 등과 같은 여러 양자통신 관련 기술이 존재하지만 그냥 이런 것이 있다 정도만 알아도 충분하다고 말할 수 있다.

양자암호통신은 SK텔레콤 등의 국내 기업에서 국제 표준 제정에 결정

적인 기여를 하는 등 한국이 선도하고 있는 여러 기술 중 하나이다. 아직까지는 전송 거리에 다소 한계가 있는 등 향후 해결이 필요한 여러 과제가 존재한다. 마치 마법과도 같은 양자암호통신이 얼른 상용화되어 정보보안의 영원한 난제를 해결해 줄 수 있기를 기대해 본다.

5

엔터프라이즈
보안

정보보호와
정보보안의 차이

　정보보안은 삶의 모든 영역에서 공기와도 같이 중요한 존재이지만 특히 기업에서 더욱 중요한 역할을 한다. 정보보안의 역사를 장식하는 대부분의 중요한 보안 솔루션들은 기업의 보안을 강화하기 위한 고민에서 비롯되었다고 하더라도 과언이 아니기 때문이다. 따라서 결코 짧지 않았던 우리의 보안 시리즈의 마지막 장은 엔터프라이즈 보안으로 멋지게 장식하고자 한다. 이번 시리즈에서는 기업의 보안을 강화하는데 중요한 역할을 하고 있는 각종 보안 개념들과 시스템들을 소개할 것이다.

　여러 보안 시스템들을 소개하기에 앞서 먼저 정보보호와 정보보안이라는 애매한 개념부터 바로 잡고 출발하고자 한다. 이 두 가지 개념은 엔터프라이즈 보안에서 굉장히 자주 사용되지만 다소 헷갈리는 개념이기도 하기 때문이다. 정보보안이라는 말이 좀 더 대중적인 표현이기는 하지만 정보보호와 정보보안은 굉장히 자주 혼재되어 사용되는 개념이다. 어떤 경우에는 정보보안이라고 하고 또 다른 경우에는 정보보호라고 하고 굉장히 뒤죽박죽 사용되기도 한다. 둘을 구분하는 명확한 기준이 없어 더욱 혼란은 가중되는 것 같다. 그렇다면 이 두 가지 개념은 정확하게 어떠한 차이가 있을까?

핵심부터 설명하자면 다음 한 문장만 기억하면 둘을 명확히 구분하는 귀중한 나침반이 될 것 같다. '정보보호를 위해 정보보안이 필요하다.' 정보보호는 목적이라고 할 수 있고 정보보안은 방법이라고 할 수 있다. 그리고 정보보호는 원칙을 중시하고 정보보안은 절차를 중시한다. 마지막으로 정보보호는 일반적인 선언이고 정보보안은 구체적인 선언이다.

꼭 그런 것은 아니지만 흔히 대기업 내부에서 보안을 담당하는 부서는 명칭이 정보보호팀인 경우가 많다. 정보보호라는 일반적이고 원대한 목적을 위해 결성된 팀이기 때문이다. 반면에 보안 서비스를 제공하는 외부 전문가들은 대부분 정보보안 서비스라는 명칭을 많이 사용한다. 구체적인 기술을 통해서 실질적인 작업을 수행하는 주체이기 때문이다.

이 정도의 느낌만 파악해도 둘을 구분하는 데는 큰 문제는 없을 것 같다. 이처럼 정보보호와 정보보안은 비슷한 듯하면서 다른 개념인 것 같다. 그래도 명확한 차이는 존재하고 있으니 상황에 따라서 최대한 적절한 용어를 사용할 수 있도록 노력하면 될 것 같다.

2

정보보호 거버넌스

다음으로 소개할 개념은 정보보호 거버넌스이다. 거버넌스(Governance)라는 용어는 생각보다 굉장히 자주 접하는 개념이기는 하지만 다소 모호하고도 추상적일 수 있기에 이 참에 그 뜻을 명확히 정리하는 소중한 자리가 될 수도 있을 것 같다. 우선 정보보호 거버넌스를 이해하기 위해서는 먼저 IT 거버넌스를 이해하는 것이 가장 빠르다. IT 거버넌스란 기업에서 IT의 중요성이 점차 증가하고 있으니 기업 전략 차원에서 IT를 보다 더 중점적으로 다루기 위한 일련의 시스템과 절차를 의미한다. 핵심만 거칠게 말하자면 IT 거버넌스는 기업 전략과 IT의 연계를 의미한다고 할 수 있다.

너무도 당연한 사실이지만 기업에서 IT의 비중은 급격히 증가하고 있다. 기술이 비즈니스를 주도한다는 의미의 디지털 트랜스포메이션이라는 단어가 거의 하루도 빠지지 않고 등장하는 시대이기 때문이다. 이에 따라 기업 내에서 IT와 관련된 지출 또한 기하급수적으로 증가하는 것이 사실이다. IT 부서는 돈을 먹는 하마라는 비아냥을 들을 정도이다. 그렇다면 이와 같은 거대한 IT 지출이 도대체 어디에 쓰이고 어떻게 사용되고 있는지에 대해서 기업 전략 차원에서 반드시 파악되고 다뤄져야만 할 것이다. 이것이 바로 IT 거버넌스의 핵심이라고 할 수 있으며 결국 IT 거버넌스란 기업의 이사회나 경영진이 IT를 감시하고 평가하고 모니터링할 수 있는 일련의 시스템을 의미한다.

여기까지가 IT 거버넌스에 대한 설명이었고, 정보보호 거버넌스의 개념 또한 이와 크게 다르지 않다. IT의 중요성이 증가하는 만큼 정보보호의 중요성도 더불어 증가하고 있으며 기업 전략 차원에서 긴밀하게 다뤄져야만 한다. 특히 가끔씩 발생하는 대규모의 보안 사고 등은 기업의 명운을 좌지우지할 정도로 크리티컬하기에 정보보호는 기업 전략과 연계하여 중요하게 관리되어야 한다.

정보보호 거버넌스의 핵심은 5가지로 요약할 수 있다. 전략적 연계, 가치 전달, 위험 관리, 자원 관리, 성과 측정이다. 이는 IT 거버넌스의 핵심과도 동일하다. IT 거버넌스 협회(ITGI, IT Governance Institute)에서 정의한 5가지 요소에 해당하는데 굉장히 설득력이 있고 널리 인용되는 항목이다. 간략히 설명하자면 기업 전략과의 연계를 통해 정보보호의 가치를 전달할 수 있도록 구성하고, 정보보호로 인해 상시 발생하는 위험을 관리하고 관련된 자원 또한 관리하며, 최종적으로 정보보호의 성과를 측정하는 일련의 사이클이다. 이 5가지 모두 크게 어려운 개념은 아니지만 여느 개념과 마찬가지로 정작 실현하는 것은 쉽지 않다고 할 수 있다. 특히 정보보호에서 가장 어려운 부분은 성과 측정이라고 할 수 있는데, 속된 말로 정보보호는 잘하면 본전이고 아니면 욕을 무진장 먹는 파트라서 위상에 걸맞은 거버넌스의 확립이 쉽지 않다고 할 수 있다.

효율적인 정보보호 거버넌스의 달성은 험난한 과제이다. 정보보호는 마치 공기와도 같은 존재이기 때문이다. 정보보호가 제대로 되지 않았을 때의 대가를 생각한다면 바로 소중함이 느껴지지만 그렇지 않다면 거의 아무런 느낌도 없고 오히려 성가신 존재로 비치기도 한다. 따라서 정보보호의 중요성은 그것이 실패했을 시 발생되는 엄청난 반대급부를 생각해본다면 가장 명확하게 이해되고 측정될 수 있다. 이에 따라 정보보호를 보험이나 재난관리와 같은 리스크 관리의 주요 요소로 다뤄야 한다는 의견 또한 강한 설득력을 얻고 있다.

증가하는 정보보호의 중요성에 비례해서 정부에 의해서 강력한 법률이 제정되어 정보보호를 준수할 수밖에 없도록 강제하는 환경이 마련되고 있다. 이를 컴플라이언스라고 말하는데 개인정보보호법, 정보통신망법 등이 대표적인 예다. 이러한 흐름은 정보보호 거버넌스의 확립에 큰 도움을 주고 있다. 이처럼 정보보호 거버넌스를 향한 여정은 앞으로 험난할 것이지만, 결코 멈추지는 않을 것이며 그 발걸음은 계속될 것이다. 아무쪼록 디지털 트랜스포메이션의 시대에 모든 조직이 정보보호 거버넌스를 명확히 확립하여 정보보호의 위상 정립은 물론 성공적인 디지털 혁신을 이룰 수 있는 성공적인 행보를 보일 수 있기를 기원한다.

해시 알고리즘

이번에 소개할 개념은 해시 알고리즘이다. 해시 알고리즘은 엔터프라이즈 보안은 물론 정보보안 전체에서도 손에 꼽힐 정도로 중요한 개념에 해당한다. 그 용도는 매우 다양하지만 특히 비밀번호를 저장하고 유효성 여부를 체크하기 위해 결정적으로 이용된다. 따라서 해시 알고리즘은 엔터프라이즈 보안에서 결코 빠질 수 없는 존재라고 할 수 있다. 그렇다면 지금부터 바로 본론으로 들어가서 해시 알고리즘에 대해 핵심 위주로 간단히 설명하도록 하겠다.

해시 알고리즘이란 어떠한 입력값이 들어오더라도 일정한 길이의 출력값으로 축약해서 값을 만들어 내는 알고리즘을 의미한다. 긴 값이든 짧은 값이든 해시 알고리즘을 통과하는 순간 정확히 동일한 길이의 출력값으로 압축된다. 그리고 입력값이 조금만 다르면 출력값은 항상 다르게 출력된다. 물론 입력값이 같으면 출력값도 항상 같다. 그리고 출력값만 봐서는 입력값을 절대로 찾아낼 수 없다. 철저한 일방향성을 가지고 있다. 게

다가 계산하는 속도도 엄청나게 빠르다. 그야말로 마법의 상자라는 말이 가장 어울리는 알고리즘이다.

그런데 조금만 상식적으로 생각해 봐도 이해가 되지 않는 부분이 많다. 왜냐하면 어떠한 입력값도 다 받을 수 있다고 해 놓고 출력값은 또 일정한 길이로 나온다고 한다. 그런데 값은 항상 다르게 나온다고 한다. 입력의 범위는 무한대인데 출력의 범위는 한정되어 있다. 어떤 케이스에서는 출력값이 동일하게 돼 버리는 충돌이 당연히 생길 수밖에 없을 것이다. 이 처럼 해시 알고리즘은 근본적으로 충돌의 위험성을 항상 내포하고 있다. 이를 비둘기집의 원리라고 한다. 이름은 뭔가 대단해 보이지만 내용은 간단하다. 비둘기집은 n개밖에 안 되는데 비둘기가 n + 1마리 이상이리면 당연히 비둘기가 2마리 이상 들어가는 집이 나올 수밖에 없다는 내용이다. 바로 해시 충돌을 설명하는 이론이다.

위에서 설명한 것처럼 해시 알고리즘이 문제가 되는 것은 동일한 출력값을 만들어 내는 다른 입력값이 발견되는 것이다. 물론 근본적으로는 반드시 충돌이 생길 수밖에 없는 구조이므로 슈퍼 컴퓨터를 수십 년 동안 돌리면 무조건 찾아낼 수는 있겠지만, 여기에서는 알고리즘의 자체적인 결함으로 인해 바로 뚝딱해서 다른 입력값이 손쉽게 찾아지는 경우를 의미한다. MD5와 SHA-1이라는 유명한 알고리즘이 예전에는 한창 사용이 되다가 바로 이러한 결함으로 인해 지금은 SHA-2로 대체되어 더 이상 사용되지 않고 있다.

그렇다면 해시 알고리즘은 도대체 어떠한 분야에서 사용이 되는 걸까?

그리고 왜 이렇게 충돌에 대해서 민감하게 받아들일 수밖에 없는 걸까? 해시 알고리즘은 전자서명과 블록체인 등 수많은 분야에서 활용되는 정보보안의 핵심 알고리즘이지만 가장 대표적으로는 비밀번호를 저장하는 데 사용된다. 예를 들어 나의 비밀번호가 '12345678'이라면 서버에도 이 비밀번호가 저장이 되어야 한다. 그런데 당연히 평문 그대로 서버에 저장되는 건 말이 안 된다. 그렇다고 대칭키로 암호화해서 저장하자니 이것도 관리자가 마음만 먹으면 풀 수 있으므로 영 꺼림칙하다. 바로 여기에서 해시 알고리즘이 구원 투수로 등장하게 된다.

서버에는 바로 '12345678'의 해시값을 저장하면 된다. 왜냐하면 출력값만 보고는 입력값을 절대 찾아낼 수 없으므로 일단 나의 소중한 비밀번호가 관리자에게도 절대 노출되지 않으므로 보안 측면에서 안전하다고 할 수 있다. 그리고 SHA-2 등과 같은 안전한 알고리즘을 사용하면 해시 충돌도 피할 수 있으므로 훨씬 더 보안성이 높다고 할 수 있다. 그런데 먼 훗날 SHA-2에서도 충돌 결함이 발견이 되어 '12345678'과 동일한 해시값을 출력하는 다른 입력값을 쉽게 찾을 수 있다면 그 사이트의 로그인 신뢰성은 현격하게 무너질 것이다. 왜냐하면 다른 입력값을 치고도 해시값이 같다는 이유로 로그인이 될 수 있기 때문이다. 이처럼 해시 충돌은 패스워드 인증 체계의 무결성을 흔들 수 있는 매우 중대한 결함이라고 할 수 있다.

이처럼 해시 알고리즘은 비밀번호 저장 시 중요하게 활용되며 해시 충돌이 발생하지 않는 안전한 알고리즘으로 패스워드를 저장하는 것이 가장 중요하다고 할 수 있다. 해시 알고리즘에는 앞서 설명한 MD5, SHA-1,

SHA-2 등 다양한 알고리즘이 존재하는데 최근에는 SHA-2가 가장 많이 활용되고 있다. 그런데 SHA-2에도 해시 충돌 결함이 언제 발견될지 모르는 일이므로 지금도 전 세계의 컴퓨터 과학자들은 상대적으로 충돌을 찾기 힘든 보다 더 안전한 알고리즘을 만들기 위해 계속 노력하고 있다.

전자서명

앞서 소개한 해시 알고리즘에 이어 정보보안의 핵심 개념을 하나 더 소개하도록 하겠다. 이번에 소개할 개념은 전자서명인데 이 또한 엔터프라이즈 보안에서 결정적으로 중요한 개념이라고 할 수 있다. 전자서명은 우리의 실생활에서도 결코 빠질 수 없는 기술이기도 한데 인터넷 뱅킹에서 송금을 하거나 쇼핑몰에서 결제를 할 때 이 행위를 하는 주체가 정말 나자신이 맞는지 증명하기 위해 공동인증서(과거의 공인인증서)로 한 번 더 인증 과정을 거치거나 혹은 간편결제 비밀번호를 입력하는 과정이 존재한다. 이러한 일련의 과정이 바로 전자서명이라고 할 수 있는데, 오프라인에서 인감도장을 찍는 것과 같은 서명 행위를 온라인에서도 전자적으로 수행할 수 있는 메커니즘을 의미한다.

전자서명은 비대칭키 알고리즘의 핵심을 이해하고 있다면 쉽게 이해할 수 있지만 그렇지 않다면 다소 난해한 개념일 수도 있다. 혹시 기억이 다소 가물가물하다면 암호 시리즈를 다시 한번 참고해 주시면 좋을 것 같다.

그렇다면 지금부터 전자서명의 핵심에 대해 간략히 설명하도록 하겠다.

암호 시리즈에서 설명했던 비대칭키 알고리즘을 이용하면 키를 안전하게 전달할 수 있다. A로 암호화를 했다면 오직 B로만 풀 수 있는데 B는 받는 사람만 잘 보관하면 되기 때문이다. 받는 사람이 B만 잘 보관하면 죽었다 깨어나도 암호는 풀리지 않는다. 그런데 이와 똑같은 원리를 이용해서 전자서명이라는 기가 막힌 메커니즘이 탄생할 수 있다.

전자서명의 원리는 절대 복잡하지 않다. 앞서 설명한 것과 같이 A로 암호화를 하면 B로만 풀 수 있을 것이다. 그런데 A를 오로지 자기만 접근할 수 있는 인감도장처럼 잘 보관한다면 A로 암호화하는 행위 자체는 오로지 본인만 할 수 있을 것이다. 그리고 이러한 행위 자체가 바로 전자서명이다. 마치 인감도장을 찍는 것처럼 오직 본인만 A라는 키로 암호화를 할 수 있는 것이다. 여기에서 A는 개인키가 되고 B는 공개키가 된다.

전자서명에서 가장 중요한 포인트는 A라는 개인키가 오직 본인만 접근할 수 있도록 안전하게 보관이 되어야 한다는 것이다. 우리가 인감도장을 아무렇게나 방치하지 않듯이, 개인키는 다른 사람이 함부로 접근할 수 없도록 안전하게 보관해야만 한다. 우리나라의 공인인증서 제도가 문제가 된 건 이러한 개인키를 너무 허술하게 관리하도록 방치했다는 점이다. 그래서 요즘은 개인키를 HSM(Hardware Security Module)을 기반으로 한 보안 토큰에 안전하게 보관하고 있는 추세이다.

그렇다면 A라는 개인키로 암호화를 하는 건 좋다고 치더라도 B라는 공개키로 아무나 암호화된 내용을 풀 수 있는 건 문제가 안 될까? Yes. 아무나 복호화를 할 수 있어도 전혀 상관이 없다. 인감도장이 찍힌 공고문을 아무나 봐도 상관이 없듯이 중요한 건 오로지 본인만 인감도장을 찍을 수 있다는 그 사실이다. B라는 공개키로 복호화가 됐다는 건 그 암호문이 무조건 A라는 개인키로 암호화가 되었다는 뜻이다. 그래서 전자서명은 A라는 개인키로 전자서명을 한 걸 그 사람이 부인하지 못하도록 하는 부인방지를 제공한다. 대신 아무나 암호문을 풀 수 있으므로 기밀성은 제공하지 않는다.

전자서명은 비대칭키 알고리즘을 기반으로 하므로 높은 보안성을 지니고 있다. 그래서 뒤에서도 설명할 PKI(Public Key Infrastructure)라는 인프라를 통해 구현되어 정보보안의 핵심으로 작동하고 있다. 지금은 과거의 유물에 해당하는 공인인증서도 PKI를 근간으로 한다. 그런데 공인인증서의 기반이 되는 메커니즘 자체는 절대 취약하지 않다. 앞서 설명한 허술하게 개인키를 보관하도록 방치한 문제라든지, 전자서명을 동작 시키기 위한 수단 중의 하나인 ActiveX의 과도한 남발 문제 등 부차적인 사항이 이슈가 되었을 뿐이다. 이에 따라 최근에는 공동인증서를 보다 더 안전하게 사용할 수 있도록 여러 인프라를 보강 중에 있다.

HSM

앞서 소개한 전자서명은 비대칭키 알고리즘이라는 위대한 거인에게 서 파생되었는데 그 또한 엔터프라이즈 보안에 여러 결정적인 족적을 남 겼다. 전자서명은 아무리 강조해도 지나치지 않을 정도로 중요한 개념이 기에 그 흔적을 조금이나마 쫓아가지 않을 수 없다. 앞서 전자서명에 대 한 설명에서 등장했던 주요 개념들 중 그냥 지나치기에는 아쉬운 HSM과 PKI라는 두 가지 개념에 대해서 차례대로 간단히 설명을 하고자 한다. 둘 다 전자서명과 관련이 있으면서도 그 자체로도 엔터프라이즈 보안에서 큰 비중을 차지하고 있는 또 다른 거인이기 때문이다. 먼저 HSM에 대해 간단히 설명하도록 하겠다.

HSM(Hardware Security Module)이란 키를 안전하게 관리하기 위한 하 드웨어 모듈을 의미한다. 정보보안의 핵심은 암호화라고 해도 과언이 아 닌데 안전한 암호화를 위해서는 키 관리가 대단히 중요하다. 아무리 암호 화를 철저하게 하더라도 키가 유출된다면 결국 무용지물이 되기 때문이다. HSM은 키를 특수한 하드웨어에 격리시켜서 절대로 탈취를 할 수 없도록 관리하는 모듈을 의미한다.

일단 HSM이 대단히 안전하다는 것까지는 알겠는데 도대체 뭔지 정확히 와 닿지는 않을 것이다. HSM을 이해하기 위해서는 반대로 HSM을 사용하지 않는 경우 키가 어떻게 관리되는지 생각해 보면 가장 빠르게 이해할 수 있다. 먼저 가장 최악의 사례부터 설명하자면 소스 코드상에 키가 하드코딩이 되어 있는 경우를 들 수 있다. 키는 abcd1234와 같이 일정한 길이의 문자열이라고 할 수 있는데, 프로그래머가 개발하는 소스 코드상에 그냥 키값이 코딩되는 경우가 흔히 존재한다. 최근에 시큐어 코딩의 강화로 이런 사례가 많이 줄어들고 있지만 여전히 사각지대는 많이 존재하고 있다.

다음 사례를 설명하자면 키 관리 시스템(Key Management System)을 통해 키를 관리하는 경우를 들 수 있다. 기업 내부에서 사용되는 여러 키들을 중앙에 일괄적으로 모아서 관리하는 케이스를 의미한다. 키가 여러 시스템에 분산되어 있으면 관리하기도 불편하고 키가 변경되었을 경우 갱신하기도 까다로우므로 키 관리 시스템은 반드시 필요한 솔루션이라고 할 수 있다. 앞서 언급한 하드코딩에 비해서 대단히 진일보한 방식이며 사실 이 정도만 되어도 키 관리는 성공적인 수준이라고 할 수 있다.

HSM은 여기에서 더 나아가서 키 자체를 아예 특수한 하드웨어 장비에 격리시키는 것을 의미한다. 하드웨어 내부에 저장된 키는 절대 끄집어낼 수 없으며 탈취 시도가 있을 시에는 아예 키를 삭제해 버리는 무시무시한 기능까지 수행한다. 쉽게 말해서 '키는 뭔지 몰라도 돼. 그냥 나한테 입력값만 보내면 출력값만 줄게'라는 입장이다. 그리고 하드웨어를 기반으로 동작되므로 서버실에 직접 들어가서 HSM 장비를 탈취하지 않는 이상 애초에 원천적으로 뭔가를 해볼 도리가 없다. 앞서 설명한 키 관리 시스템에다가 HSM까지 도입하면 키 관리는 사실상 완벽하다고 말할 수 있다.

HSM은 FIPS 140-2라는 미국 연방 정보처리 표준에 의거한 보안 인증을 받은 제품이 가장 안전하다. 구현된 보안 수준에 따라 여러 인증 레벨이 부여되는데, 가장 높은 레벨은 키에 대한 탈취 시도를 기가 막히게 탐지할 수 있으며 해당 액션이 감지되었을 시 키를 즉각 삭제하는 경우 부여된다. 그야말로 키를 보호하기 위한 미션 크리티컬 작전을 방불케 한다.

HSM은 최근 암호화폐 지갑에도 적극 도입되고 있다. 특정 암호화폐의 주인이 본인이라는 것을 증명하는 수단은 결국 키인데 키가 노출되면 소중한 암호화폐들이 탈취가 될 수밖에 없다. 따라서 해당 개인키를 스마트폰 내부 등에 내장된 HSM에 보관한 뒤 이를 들고 다니면 자산을 안전하게 보호할 수 있다. 이러한 HSM 기반의 암호화폐 지갑을 콜드 월렛(Cold Wallet)으로 부르고 있다.

접근제어(1)

엔터프라이즈 보안에서 정보를 보호하는 방법은 크게 두 가지로 나눌 수 있다. 하나는 암호화이고 하나는 접근제어이다. 이 두 가지 방법론은 마치 무술의 분파처럼 서로 자기가 옳다고 티격태격하기도 하고 때로는 선의의 경쟁을 하기도 한다. 하지만 세상의 모든 것들이 다 그러하듯이 결코 어느 하나만 정답이라고 할 수는 없으며 결국 둘은 서로의 약점을 보완하는 상호 보완적인 관계라고 할 수 있다. 앞서 암호 시리즈에서 설명한 것처럼 암호화는 정보 그 자체를 누구도 알아볼 수 없게끔 암호화하여 보호하는 것이라고 할 수 있다. 그렇다면 접근제어란 무엇이라고 정의 내릴 수 있을까?

접근제어는 쉽게 말해서 주체와 객체 사이의 정보흐름을 통제하는 것이라고 할 수 있다. 주체는 사용자라고 할 수 있고 객체는 사용자가 접근하고자 하는 자원이라고 할 수 있다. 그리고 정보흐름을 통제한다는 것은 사용자가 특정 자원에 접근하려고 할 때 과연 이 사용자가 합당한 권한이 있는 사용자인지 체크하는 일련의 과정이라고 할 수 있다.

접근제어 절차에는 여러 단계가 있는데 정말 간단하게 시나리오 하나로 모두 이해할 수 있다. 그냥 특정 사이트에 로그인을 하는 과정을 생각해 보면 된다. 철수가 로그인을 하기 위해서는 아이디를 입력해야 하는데 이 과정을 식별(Identification)이라고 한다. 일단 가장 먼저 접근 주체가 누구인지 알리는 과정을 의미한다. 그리고 비밀번호를 입력해서 내가 정확한 접근 주체가 맞다는 것을 확인받아야 하는데 이 과정을 인증(Authentication)이라고 한다. 비밀번호가 맞다면 인증에 성공했다고 할 수 있다. 마지막으로 정작 로그인까지는 성공했지만 해당 사이트에서 철수를 블랙리스트로 지정해서 접근을 못하도록 차단했을 수도 있다. 이처럼 인증 이후 권한까지 제대로 있는지 확인하는 절차를 인가(Authorization)라고 한다.

이처럼 식별·인증·인가라는 복잡한 과정을 통해 주체는 비로소 객체에 접근할 수 있다. 그리고 이러한 중요한 과정을 대충 주먹구구식으로 진행할 수는 없으므로 명확한 로그 등의 흔적 등을 남겨서 책임추적성(Accountability)을 확보해야만 한다. 이렇게 접근제어는 식별·인증·인가·책임추적성의 개념을 통해 기본적인 뼈대를 구성할 수 있다. 그리고 어떻게 하면 보다 더 높은 보안 수준의 인증을 수행할 수 있을지 그리고 더 확실한 책임추적성을 확보할 수 있을지 등이 정보보안의 중요하고도 흥미로운 과제라고 할 수 있다.

방금 설명한 것처럼 식별·인증·인가·책임추적성이 접근제어의 기본적인 절차라고 할 수 있다. 그렇다면 이러한 절차를 뒷받침해 주는 구체적인 내용도 필요할 것이다. 이러한 내용은 크게 정책, 메커니즘 그리고 모델로 분류할 수 있다. 지금부터는 다소 추상적인 개념이 많이 등장하는데 조금 지루할 수도 있겠지만 모든 것이 정보보안의 뿌리가 되는 귀중한 내용이므로 유용하다고 할 수 있겠다. 핵심 엑기스 위주로 간략하게 설명하도록 하겠다.

먼저 접근제어 정책이란 접근제어를 수행하기 위한 기본적인 철학이라고 할 수 있다. 크게 MAC(Mandatory Access Control), DAC(Discretionary Access Control), RBAC(Role Based Access Control)로 나뉜다. MAC는 쉽게 말해 중앙 집중적으로 정책을 관리하는 것을 말한다. 시스템에 의해 정책이 세팅이 되면 모든 사용자는 이러한 통제에 그냥 따르기만 하면 된다. 관리하고자 하는 자원이 적다면 대단히 심플하고 좋은 방법이겠지만 요즘 같은 시대에는 자원이 너무 많으므로 현실적으로 적용하기에는 다소 무리가 있다고 할 수 있다.

반면에 DAC에서는 모든 사용자가 스스로 정책을 관리할 수 있다. 물론 다른 사람의 자원에 대해서는 절대 관여할 수 없겠지만 적어도 자기 자신의 영역 안에 있는 자원에 대해서는 스스로 정책을 설정할 수 있다. MAC에 비해 다소 유연하다고 할 수 있다.

마지막으로 RBAC는 이름 그대로 역할 기반으로 정책을 관리하는 것을 말한다. 일일이 사용자 단위로 'A는 O에 접근할 수 있다', 'B는 OO에 접근할 수 없다'처럼 관리하는 것이 아니라 그룹으로 묶어서 'C 그룹은 OOO에 접근할 수 있다'와 같이 그룹 기반으로 정책을 세팅하는 것을 말한다. 직무 단위로 모든 것이 관리되는 현대 비즈니스에 가장 적합한 방법론이라고 할 수 있다.

여기서 주의할 사항은 MAC, DAC 그리고 RBAC가 마치 과학적 이론처럼 딱딱 분리되는 개념이 아니라는 점이다. 그냥 각자 바라보는 포커스가 조금 다를 뿐 서로 간에 공통되는 영역도 많이 존재한다. 결코 양자택일로 선택하여 딱 하나의 정책으로 접근제어를 구현하거나 하지는 않는다. 실제로는 대부분의 접근제어가 MAC, DAC 그리고 RBAC가 혼재되어 구현된다.

접근제어(2)

다음으로 접근제어 메커니즘이란 앞서 설명한 접근제어 정책을 실제적으로 구현하는 도구라고 할 수 있다. 크게 SL(Security Label), ACL(Access Control List), CL(Capability List)로 나뉜다. SL은 앞서 설명한 MAC에서 사용하는 메커니즘인데 레벨과 카테고리라는 두 개의 항목으로 자원을 분류한다. 예제로 간단하게 설명하자면 'A, B, C는 일급기밀이다.'라고 선언할 수 있는데 여기에서 'A, B, C'가 카테고리이고 '일급기밀'이 레벨이다. 이름 그대로 보안 레이블을 선언하는 방법론인데 대단히 심플한 메커니즘이라고 할 수 있다.

다음으로 ACL은 주로 DAC에서 사용하는 메커니즘인데 객체를 중심으로 정책을 설정하는 것이 특징이다. '철수는 A에 접근할 수 있다'라고 선언하는 것이 아니라 'A에는 철수와 영희가 접근할 수 있다'라고 선언하는 것을 말한다. 마지막으로 CL은 그냥 ACL과 반대라고 생각하면 된다. 객체가 아닌 주체를 중심으로 정책을 설정하는 것이 특징이다.

마지막으로 접근제어 모델이란 위에서 설명한 추상적인 개념을 실제 현실 세계에 적용 가능하도록 설계한 모델이라고 할 수 있다. 이러한 모델에는 수많은 역사의 흔적들이 녹아 있어 결코 가볍게 넘어갈 수 없는 부분이지만, 여기서는 핵심 위주로만 간단히 설명하도록 하겠다. 주요 접근제어 모델에는 '벨라파둘라 모델(Bell-LaPadula Confidentiality Model)', '비바 모델(Biba Integrity Model)', '클락-윌슨 모델(Clark-Wilson Integrity Model)'이 있다. 벨라파둘라 모델은 미 국방성에서 개발한 최초의 수학적 모델로서 기밀성을 강조하는 모델이다. 군사적 목적으로 개발되었으므로 오직 기밀성만 고려하는 것이 특징이다.

다음으로 비바 모델은 벨라파둘라 모델과는 반대로 오직 무결성만 고려하는 모델이다. 군사 기관이 아니라면 대부분의 경우 정보의 무결성이 훨씬 더 중요하다는 점에 착안해서 개발된 모델이다. 마지막으로 클락-윌슨 모델은 비바 모델의 진화형으로서 여전히 무결성을 강조하지만 상업적 목적에 좀 더 특화된 모델이다. 직무분리 원칙을 적용하여 무결성을 좀 더 강조하도록 설계된 것이 특징이다. 이외에도 만리장성 모델(The Chinese Wall Model) 등 여러 접근제어 모델이 존재하지만 앞서 설명한 3가지 모델이 가장 대표적이라고 할 수 있다.

사회공학

앞서 해킹 시리즈에서 전설적인 해커인 케빈 미트닉에 대해 간단히 소개한 바 있다. 그는 사회공학 기법을 이용하여 여러 유수의 글로벌 기업들을 해킹한 것으로 유명하다. 이처럼 기업 보안에서 가장 취약한 지점에 해당하는 것이 바로 사회공학이라고 할 수 있기에, 여기에 대해 간단하게라도 소개를 하지 않을 수 없다. 따라서 이번 장에서는 사회공학의 개념에 대해 핵심 위주로 간략히 소개하도록 하겠다.

사회공학이란 인간 사이의 기본적인 신뢰를 이용해서 정상적인 보안절차를 깨뜨리는 공격을 의미한다. 공격 과정에서 기술적인 요소는 거의 사용되지 않는 것이 특징이다. 예를 들어 수년 동안 믿고 지냈던 협력 업체 직원에게 중요한 계정의 패스워드를 알려 줬는데, 그 사람이 신뢰를 저버리고 그 계정을 이용해서 해킹을 해 버리는 것이 대표적인 사례라고 할수 있다.

묵묵히 주어진 프로그램을 있는 그대로 처리하는 컴퓨터와는 다르게 인간은 하루에도 수십 번씩 마음이 바뀌는 존재이므로 어떻게 보면 정보 보안에서 가장 취약한 지점이라고 할 수 있다. 아무리 수백억을 들여서 보안 시스템을 잘 구축해 놓아도 보이스 피싱 전화 한 통으로 해당 철통 보안은 무너질 수도 있다. 사회공학은 바로 이러한 인간이라는 가장 취약한 고리를 노리고 악용하는 공격이라고 할 수 있다.

사회공학은 앞서 이야기한 전설적인 해커 케빈 미트닉(Kevin Mitnick)이 즐겨 사용하던 수법으로 유명하다. 그는 미국의 수많은 기업체들을 대상으로 사회공학을 통해 해킹을 자행한 것으로 악명이 높다. 그러나 영화 속에서 보던 해커의 이미지처럼 엄청나게 복잡한 기술을 이용해서 침투한 것이 아니라 보이스 피싱처럼 원시적인 방법으로 여러 글로벌 회사들의 철벽 보안을 뚫었다는 사실에 새삼 놀라게 된다.

사회공학의 절차는 4단계로 나눌 수 있다. 거창한 프로세스가 아닌 굉장히 상식적인 절차이므로 간단하게만 설명하도록 하겠다. 먼저 정보수집 단계이다. 공격 대상 주위를 기웃거리면서 다양한 정보를 수집하는 단계이다. 다음은 관계형성 단계이다. 수집된 정보를 참고해서 공격 대상과 친분을 쌓는 단계이다. 다음은 공격 단계이다. 그동안 형성된 친분을 이용하여 악성코드를 심는 등 공격을 수행하는 단계이다. 마지막으로는 실행 단계이다. 공격 단계에서 침투된 악성코드가 실행되어 실제적인 피해가 발생하는 단계이다

사회공학의 기법은 크게 2가지 종류로 나눌 수 있다. 인간 기반 사회공학과 컴퓨터 기반 사회공학이다. 먼저 인간 기반 사회공학에 대해 설명하

자면 기술적인 요소는 거의 찾을 수 없는 정말 원시적인 방법이라고 할 수 있다. 종류로는 휴지통 뒤지기, 어깨너머 훔쳐보기, 출입문에서 앞사람 따라 들어가기 등이 있다. 이름만 보면 이게 정말 기법이라고 불려도 되는가 싶을 정도로 헛웃음만 나온다. 그러나 그 효과는 생각보다 상당하여 대규모 해킹의 결정적인 시발점이 되기도 한다.

다음으로 컴퓨터 기반 사회공학에 대해 설명하자면 어느 정도의 기술적인 요소가 가미되어 수행되는 사회공학 기법이라고 할 수 있다. 요즘에 한창 언론에서 이슈가 되고 있는 많은 공격들의 상당수가 여기에 속한다. 종류로는 피싱(Phishing), 파밍(Pharming), 스미싱(Smishing) 등이 있다. 먼저 피싱(Phishing)이란 사용자가 악성 사이트로 접속하도록 유도하는 공격을 의미한다. 주로 이메일을 통해 공격이 수행되며 악성 링크를 클릭하면 가짜 사이트로 이동한다. 그리고 여기에서 각종 개인정보 등을 입력하도록 유도하여 중요 정보를 탈취하는 공격 기법이다.

다음으로 파밍(Pharming)은 피싱의 진화 형태로서 사용자가 정상적인 사이트에 접근하더라도 악성 사이트로 접속이 돼 버리는 공격 기법이다. 예를 들어 브라우저에서 'http://www.naver.com'이라고 분명 입력했는데도 가짜 사이트로 이동하게 되는 경우이다. 대부분 컴퓨터의 DNS 설정 등이 변조된 경우에 발생하며 사용자의 눈에는 분명 주소가 정상이므로 눈치를 채기가 상당히 쉽지 않다. 마지막으로 스미싱(Smishing)이란 피싱과 똑같은 원리이지만 이메일이 아니라 SMS를 통해 공격이 수행된다는 차이가 있다. 스미싱은 최근 스마트폰의 광범위한 보급으로 인해 파밍보다도 더 영향력이 지대한 공격 기법이라고 할 수 있다.

사회공학은 기본적으로 완벽한 방어가 불가능하다. 기술적인 취약점이라면 밤을 새워서라도 열심히 코딩해서 고치면 되는데 사회공학은 도대체 어떻게 막아야만 할까? 일단 정기적으로 침투테스트를 수행해서 조직의 보안 수준이 얼마나 취약한지 감사를 수행하는 방안이 있다. 하지만 근본적으로는 주기적인 보안 인식 교육만이 사실상 유일한 해결책이라고 할 수 있다. 사용자들이 황당한 피싱 공격 등에 당하지 않도록 꾸준한 보안 인식 함양이 반드시 필요하다.

시큐어 코딩

다음으로 소개할 개념은 시큐어 코딩이다. 워낙 유명한 용어이기도 하고 엔터프라이즈 보안에서 결코 빠질 수 없는 주요 개념에 해당한다. 시큐어 코딩이란 보안 약점이 존재하지 않도록 프로그램을 개발하는 활동을 의미한다. 소프트웨어의 중요성이 점차 증가하면서 아무리 사소한 보안 취약점이라도 치명적인 결과를 낳는 경우가 자주 발생하고 있다. 특히 의료 기기나 안전 장치 등에 보안 취약점이 존재하는 경우 사람의 생명까지 위협할 수 있으므로 시큐어 코딩은 의무이자 필수라고 할 수 있다. 현재 공공 정보화 사업의 경우 일정 규모 이상의 사업에서는 시큐어 코딩이 의무화가 되었으며 민간에서도 시큐어 코딩은 적극 채택 중에 있다.

시큐어 코딩의 핵심 대상은 실제로 개발자가 수행하는 코딩(프로그래밍)이라고 할 수 있다. 따라서 개발자가 어떤 규칙에 따라서 코딩을 하면 되는지 등에 대한 명확한 가이드라인이 있다면 가장 좋을 것이다. 여기에 해당하는 가이드 문서가 실제로 존재하는데, 행정안전부에서 발간한 시큐어 코딩 가이드이다. 여기서는 해당 가이드 문서를 기반으로 시큐어 코딩에 대해 핵심 위주로만 간단히 설명하도록 하겠다.

시큐어 코딩을 위한 규칙으로는 크게 7가지 정도가 존재한다. 프로그래밍 경험이 없다면 이해하기가 어려울 수도 있지만 최대한 쉽게 차례대로 하나하나 설명하도록 하겠다. 첫 번째 규칙으로 입력 데이터 검증 및 표현이 존재한다. 이는 주로 SQL Injection 공격을 막기 위한 코딩이라고 할 수 있는데 쉽게 말해서 외부에서 입력 받은 데이터 중 SQL로 의심되는 건 절대로 실행되지 않도록 조치하는 것이라고 할 수 있다. 7가지 규칙 중 이 부분이 가장 어려운데 조금만 더 부연 설명을 하도록 하겠다.

SQL(Structured Query Language)은 개발에서 가장 중요한 핵심 요소로서 쉽게 설명하자면 데이터를 조회/입력/수정/삭제하는 명령어라고 할 수 있다. 예를 들어 은행 시스템의 경우 특정 SQL을 실행하면 계좌의 잔액을 증가/감소시킬 수도 있다. 이토록 중요한 SQL이 해커 마음대로 실행될 수 있다면 정말 치명적이라고 할 수 있다. 그런데 게시판과 같이 외부에서 데이터를 입력할 수 있는 페이지에 해커가 특정 구문을 삽입하면 마음대로 SQL이 실행될 수 있도록 공격이 가능하다. 그런데 공격 구문에는 대부분 원하는 SQL 자체가 포함되어 있는데(예를 들어 철수 계좌의 잔액을 1억 증가시켜라) 이를 방어하기 위해서는 SQL로 의심되는 입력이 있으면 치환하거나 차단하는 방식 등을 통해 방어가 가능하다. 이게 바로 입력 데이터 검증 및 표현의 핵심이라고 할 수 있다.

이제 큰 산을 넘었고 앞으로는 그냥 쭉 읽으면 되는 부분이다. 다소 지루할 수도 있지만 조금만 참아 주시길 부탁한다. 두 번째 규칙으로는 보안 기능이 있다. 이름 그대로 굉장히 다양한 항목들이 존재하는데 대표적인 사례는 소스 코드 자체에 중요 계정의 패스워드를 하드코딩하지 않는 것과 취약한 암호화 알고리즘을 사용하지 않는 것 등을 들 수 있다. 취약한 보안 기능이 존재하지 않도록 점검하는 규칙이라고 할 수 있다.

세 번째 규칙으로는 에러 처리가 있다. 가끔 개발자가 디버깅 등의 편의성을 위해서 에러 메시지가 화면에 표시되도록 처리하는 경우가 있다. 그런데 에러 메시지에는 시스템과 관련된 중요 정보가 포함되는 경우가 많아 큰 취약점으로 작용할 수 있어 에러 처리를 정확하게 하도록 가이드하는 규칙이다.

네 번째 규칙으로는 API 오용이 있다. API(Application Programming Interface)란 개발자가 사용할 수 있도록 구성된 인터페이스를 의미하는데 적절하지 않은 API를 사용하는 경우 심각한 보안 취약점이 될 수 있어 이를 방지하는 규칙이라고 할 수 있다. 예를 들어 자바에서 System.exit()이라는 API를 사용하면 시스템 자체가 다운되어 버리므로 절대 사용해서는 안 된다.

다섯 번째 규칙으로는 캡슐화가 있다. 캡슐화란 객체지향 개발 방법론의 중요 개념 중 하나인데 마치 알약의 캡슐에다가 분말을 집약하는 것처럼 중요 정보를 한 군데에 은닉하는 개념이다. 그런데 가끔 이와 같은 정보은닉이 제대로 되지 않아 중요 정보가 노출되어 보안 취약점으로 작용하는 경우가 있어 캡슐화를 제대로 하기 위해 만들어진 규칙이다.

여섯 번째 규칙으로는 시간 및 상태가 있다. 프로그래밍을 하면 여러 구성요소들을 사용하게 되는데 각각의 구성요소들은 서로 간 상호 작용을 하게 된다. 그런데 한정된 컴퓨팅 자원을 서로 사이 좋게 공유해야 하는데 시간 및 상태가 잘못 처리되는 경우 자원 공유가 제대로 되지 않아 자원 할당이 꼬인다든지 등의 여러 문제가 생길 수 있다. 이러한 상황을 방지하기 위해 제정된 규칙이다.

일곱 번째 규칙으로는 코드 오류가 있다. 이는 개발자가 지식 미달의 상태 혹은 잘못된 습관으로 코딩을 해서 취약점이 생기는 경우를 방지하기 위한 규칙이다. 개발자의 실수로 스레드와 같은 자원을 무한정으로 할당한다든지 등으로 시스템에 과부하를 주는 경우가 발생할 수 있다. 이를 방지하기 위한 규칙에 해당한다.

여기까지가 행정안전부에서 발간한 시큐어 코딩 가이드에 대한 설명이었다. 대단히 방대한 내용의 가이드이지만 위에서 설명한 정도만 이해해도 대략적인 범위는 충분히 이해할 수 있다. 해킹은 하루가 멀다 하고 계속 발전하므로 위에서 설명한 7가지 규칙 또한 언제든지 바뀔 수 있다. 끊임없이 새로운 지식을 익히고 변화에 적응하는 것은 정보보안 종사자의 어려운 과제이자 즐거움이라고 할 수 있겠다.

인증

엔터프라이즈 보안을 구성하는 요소들은 굉장히 다양하지만 그중에서도 가장 뼈대는 앞서 소개한 암호화와 접근제어라고 할 수 있다. 그런데 접근제어의 경우 내부 절차들 중에서 중요하지 않은 것은 없겠지만 그중에서 단연 코어를 꼽자면 바로 인증이라고 할 수 있다. 가령 직원이 건물에 사원증을 찍고 출입을 하는 과정이라든지 사이트에 로그인을 하는 과정이라든지 등은 모두 인증이라고 할 수 있기 때문이다. 엔터프라이즈 보안의 시작과 끝은 바로 인증이라고 말해도 결코 과언이 아닌 것이다. 따라서 이번 장에서는 인증의 개념에 대해서 간략히 소개하는 자리를 가져보고자 한다.

인증(Authentication)이란 시스템으로부터 정확한 주체가 맞는지 확인받는 과정을 의미한다. 쉽게 생각해서 네이버에 로그인을 하는 과정을 떠올리면 된다. 아이디와 비밀번호를 입력해서 로그인에 성공하면 인증에 성공한 것이며 실패하면 인증에 실패한 것이라고 할 수 있다.

인증은 크게 사용자 인증과 메시지 인증으로 나뉜다. 사용자 인증은 우리가 일상생활에서 워낙 많이 사용하고 있으므로 직관적으로 이해할 수 있다. 앞에서 설명한 것처럼 아이디와 비밀번호를 입력해서 정확한 사용자가 맞는지 검증받는 과정을 의미한다. 비밀번호는 내 머릿속에 들어 있는 지식인데 이를 이용해서 정당한 사용자임을 입증할 수 있다. 이처럼 지식 기반으로 인증받는 것을 Type 1 인증이라고 부른다. 기초적이지만 가장 널리 사용되는 인증 방식이라고 할 수 있다.

Type 1이 있으니 Type 2도 있을 것 같은 느낌이 든다. 그렇다. Type 2 인증은 지식 기반에서 좀 더 발전하여 소유 기반으로 인증을 받는 것을 의미한다. 비밀번호는 머릿속에 든 지식이므로 다른 사람에게 알려 주면 얼마든지 공유가 가능한 문제점이 있다. 하지만 스마트카드나 OTP처럼 구체적인 물품을 이용해서 로그인을 해야 한다면 반드시 그걸 소지하고 있어야만 인증에 통과할 수 있다. 지식 기반보다는 좀 더 보안성이 높은 인증 방식이라고 할 수 있다.

Type 2가 있으니 Type 3 인증도 물론 존재할 것이다. Type 3 인증은 소유 기반에서 보다 더 발전하여 생체 기반으로 인증을 받는 것을 의미한다. 스마트카드나 OTP도 다른 사람에게 잠깐 빌려주면 그 사람이 나를 대신해서 얼마든지 인증을 받을 수 있다. 하지만 생체 인증은 신체의 일부분을 이용해야 하므로 원천적으로 대여가 불가능하며 가장 강력한 인증 수단이라고 할 수 있다. 요즘에 한창 널리 사용되고 있는 지문 인증이나 안면 인증이 Type 3 인증의 대표적인 사례이다.

여기까지가 사용자 인증에 대한 설명이었고 다음으로 메시지 인증에 대한 설명을 이어 가도록 하겠다. 메시지 인증 또한 시스템으로부터 정확한 메시지가 맞는지 검증받는 과정이라고 할 수 있다. 메시지가 전송되는 과정에서 변조는 되지 않았는지, 그리고 정확한 주체로부터 왔는지 등을 검사하는 일련의 절차라고 할 수 있다. 메시지 인증의 기법으로는 해시 함수, MAC 그리고 전자서명이 있다.

해시 함수는 워낙 유명하고 앞에서도 자세히 설명한 부분이므로 여기에서는 상세한 기술은 생략하도록 하겠다. 해시 함수를 이용하면 메시지의 내용이 조금만 변조되더라도 바로 알아차릴 수 있으므로 메시지의 무결성을 보장받을 수 있다. 다음으로 MAC(Message Authentication Code)에 대해 설명하자면 서로 간에 공유된 비밀키를 이용해서 인증을 받는 것을 의미한다. 송신자와 수신자는 A라는 키를 이미 공유하고 있으므로 송신자가 메시지를 A로 암호화해서 보내면 수신자도 동일한 원리로 메시지를 암호화한 뒤 결과값을 비교하면 해당 메시지가 정확함을 검증할 수 있다. 키는 오직 송신자와 수신자만 알고 있으므로 출발지 인증이 보장되는 구조이며 메시지의 무결성 또한 보장된다.

마지막으로 전자서명에 대해 설명하도록 하겠다. 전자서명 또한 대단히 중요한 기술이라서 앞 파트에서 자세히 설명을 하였으므로 여기서는 메시지 인증과 관련된 부분만 설명하도록 하겠다. 앞에서 설명한 MAC만 이용하더라도 충분히 강력한 메시지 인증을 구현할 수 있다. 하지만 키가 송신자와 수신자 모두에게 공유되는 구조이므로 근본적으로 안전한 구조라고 볼 수는 없다. 그러나 전자서명을 이용하면 오로지 송신자만 개인키를 가지고 있으므로 무조건 송신자만 암호화를 할 수 있다. 따라서 나중에 송신자가 자신이 보낸 것이 아니라고 발뺌하는 황당한 경우를 막을 수 있는 부인방지의 효과를 얻을 수 있다. 전자서명은 무결성, 인증 그리고 부인방지까지 제공함으로써 메시지 인증 기술 중 가장 강력한 보안성을 지니고 있다.

OTP

앞서 소개한 인증에서 잠깐 등장하는 개념이기는 하지만 굉장히 널리 사용되는 인증 수단임에도 불구하고 가장 많은 오해를 받고 있는 인증 시스템 하나에 대해 소개하고자 한다. 이 글을 읽고 난 뒤 부디 오해가 해소되고 그 신기한 원리에 대해서도 이해가 될 수 있기를 바란다. 지금부터 소개하고자 하는 개념은 바로 OTP이다.

OTP(One-Time Password)란 이름 그대로 한 번만 사용할 수 있는 패스워드이다. 은행 거래를 하거나 특정 사이트에 들어갈 때 누구나 한 번쯤은 사용해 보았을 인증 수단이라고 할 수 있다. 토큰이라고 불리는 전용 기계에 6자리나 7자리의 숫자가 출력되며 이 번호를 정확히 입력해야만 거래를 하거나 로그인을 할 수 있다. 보통 60초 단위로 해당 숫자가 계속 바뀐다. 그리고 한 번 사용된 번호는 절대로 재사용할 수 없다. 얼핏 봐서는 그렇게 어려운 개념은 아니다. 하지만 OTP의 배후에 동작하는 보안 원리를 제대로 이해한다면 이렇게 단순한 OTP의 존재가 뭔가 새롭게 느

꺼지리라 확신한다.

가장 흔히들 하는 오해가 OTP 인증과 휴대폰 문자 인증이 사실상 똑같은 원리가 아니냐고 생각하는 것이다. 어차피 문자 메시지로 숫자가 날아와서 이걸 쳐서 인증을 받는 것이나 OTP를 보고 쳐서 인증을 받는 것이나 원리는 대동소이하다고 생각할 수 있다. 하지만 둘은 동작 방식이 근본적으로 전혀 다르며 이 둘 사이의 차이를 정확히 인지한다면 결국 OTP를 온전히 이해한 것이라고 할 수 있다.

핵심부터 설명하자면 OTP 토큰은 일단 외부랑 일절 통신을 하지 않는다. 흔히 OTP 토큰에서 출력되는 숫자는 중앙 서버와 무선으로 통신을 해서 받아 오는 것이라고 생각하기 쉽다. 그러나 OTP 토큰은 자체적으로 숫자를 만들어 내는 것이지 외부의 어떤 주체와도 절대 통신을 하지 않는다. 이 부분이 문자 인증이랑 결정적으로 다른 차이점이다.

문자 인증은 통신사의 네트워크를 이용해서 SMS로 숫자가 전송되는 것이기 때문에 해당 숫자가 도청이 될 수 있는 위험이 있다. 하지만 OTP는 토큰이 외부와 통신을 하지 않고 스스로 숫자를 만들어 내는 구조이기 때문에 통신 구간에서 숫자가 탈취될 위험이 전혀 없다. 일단 여기까지는 좋은데 그렇다면 OTP라는 녀석은 도대체 외부랑 통신도 하지 않으면서 어떤 원리로 동작되는 것일까? 무슨 양자통신이라도 하는 마법의 기계일까?

이 모든 것은 토큰이랑 서버가 특정한 키를 사전에 공유하고 있어서 가능한 일이다. 토큰 내부에는 특정한 키값이 미리 세팅이 되어 있다. 출고 당시부터 특정한 키가 세팅이 돼서 나가게끔 되어 있는 것이다. 그리고 그 키는 서버에도 안전하게 보관이 되어 있다. 따라서 토큰은 외부랑 통신은 하지 않고 그 키값을 기준으로 특정한 알고리즘에 의해서 숫자를 만들어 내기만 하면 되는 것이고 서버도 동일하게 해당 키값을 기반으로 동일한 알고리즘을 통해 숫자를 만들어 낸 뒤 서로 결과값을 비교하기만 하면 되는 것이다. 그렇다면 방금 설명한 특정한 알고리즘 또한 서버와 토큰 사이에 미리 공유가 돼야만 할 것이다.

그리고 이러한 알고리즘이 OTP에서 가장 핵심적인 요소라고 할 수 있다. 쉽게 설명하자면 사전에 공유된 키에다가 현재 시간을 조합한 뒤 해시 함수를 돌려 축약된 숫자를 만들어 내는 기법이라고 할 수 있다. 보안 용어로 말하면 HMAC(Hash-based Message Authentication Code)을 활용한 방법이라고 할 수 있는데, 이 부분은 그냥 이런 것이 있구나 하는 정도로만 이해해도 충분하다. 아무튼 이와 같은 원리로 처리한다면 출력되는 숫자는 시간에 따라 계속 바뀌게 될 것이다. 다만 시간의 경우 1초 단위로 계산해 버리면 너무 전환 속도가 빠르므로 보통 1분 단위의 구간 별로 계산한다. 즉 12시 0분 0초와 12시 0분 59초 사이는 똑같은 값이고 12시 1분 0초부터 값이 바뀌는 구조라고 할 수 있다. 결국 토큰과 서버는 키도 공유하고 시간도 똑같이 공유하므로 서로 통신을 하지 않고 각자 계산을 한 뒤 결과값만 비교하더라도 충분히 검증이 가능한 구조라고 할 수 있다.

이와 같이 현재 시간을 기반으로 동작하는 OTP를 TOTP(Time-based One-Time Password)라고 부른다. 이러한 TOTP 이외에 이벤트 기반으로 동작하는 HOTP(HMAC-based One-time Password) 등 여러 종류의 OTP

가 있지만 현재까지 TOTP가 가장 널리 사용되고 있다. OTP는 패스워드에 더해 인증의 보안 수준을 높이기 위한 부가 인증 수단으로서 널리 애용되고 있다.

SSO

앞서 엔터프라이즈 보안의 뼈대에 해당하는 접근제어와 인증에 대해 간략히 소개하였다. 여기에 이어서 지금부터는 이러한 이론들이 기업 환경에서 실제로 어떻게 구현되며 작동되고 있는지 실제 사례 기반으로 간략히 소개하고자 한다. 마치 전쟁터와도 같은 기업 보안의 세계에는 굉장히 다양한 솔루션들이 존재하고 있지만 가장 대중적이며 기초적인 인증 및 접근제어 솔루션 2가지만 소개하도록 하겠다. 먼저 설명하고자 하는 솔루션은 바로 SSO(Single Sign On)이다.

SSO(Single Sign On)란 최초 한 번만 로그인하면 이후에 별도의 로그인 없이 자동으로 연계된 시스템에 접속이 되는 일련의 시스템을 의미한다. 예를 들어 네이버에만 최초 로그인하면 페이스북이나 인스타그램에도 자동으로 로그인이 되는 서비스 체계를 의미한다. 인터넷을 이용할 때 수많은 아이디와 비밀번호가 있고 각각 미묘하게 달라서 관리하기가 어려웠던 경험은 누구에게나 있을 것이다. SSO를 통해서 사용자는 연계된 시스템의 비밀번호를 일일이 기억할 필요가 없기 때문에 편의성이 대폭 향상되며 특히 기업에서는 패스워드 관련 문의에 대한 관리 비용이 대폭 절감되므로 필수적으로 요구되는 보안 시스템이라고 할 수 있다.

SSO를 구현하는 방식은 크게 두 가지로 나눌 수 있는데 각각 인증정보 전달 방식(Propagation)과 인증 대행 방식(Delegation)이라고 설명할 수 있다. 이름만 봐서는 둘 다 거창해 보이지만 크게 어렵지 않다. 먼저 인증정보 전달 방식에 대해 설명하자면 상호 협의된 약속을 기반으로 암호화된 토큰을 전달하는 방식이라고 할 수 있다. 일단 토큰이라고 하면 다소 어렵게 느껴지지만 간단하게 설명하자면 메인이 되는 중앙 사이트와 연계 시스템 사이에 암호화 키와 알고리즘을 사전에 공유하고 해당 방식대로 암호화를 해서 값을 전달하는 구조라고 할 수 있다. 값을 전달받은 뒤 암호를 풀면 아이디가 나오고 그 아이디를 무조건 신뢰해서 로그인을 처리하도록 연계 시스템의 수정이 필요하다. 주로 RSA 등의 비대칭키 알고리즘으로 처리되므로 보안성이 높은 특징이 있다. 인증정보 전달 방식의 대표적인 사례로 Kerberos, SAML, OAuth 등의 여러 글로벌 표준 프로토콜이 존재한다.

다음으로 인증 대행 방식에 대해 설명하자면 쉽게 말해 아이디와 패스워드를 입력하는 창의 좌표를 감지해서 자동으로 값을 입력하고 확인 버튼까지 자동으로 눌러 주는 방식을 의미한다. 말 그대로 사용자가 해야 할 행동을 컴퓨터가 대행해 주는 방식이라고 할 수 있다. 주로 대상 시스템의 수정이 불가능한 경우에 많이 사용하며 최근에 RPA(Robotic Process

Automation) 등이 도입되어 로봇 기반으로 사용자 편의성을 향상시키기 위해 많이 적용되고 있다. 근본적으로 비밀번호의 평문을 어딘가에 저장을 한 다음에 특정 좌표에 입력을 해 주는 구조이므로 보안성 다소 떨어진다는 단점이 있다. 대표적인 사례로는 Enterprise SSO라고 불리는 여러 글로벌 벤더사의 제품군이 존재하며 IBM 등에서 다양한 제품군을 보유하고 있다.

SSO는 사용자의 편의성을 높여 주는 장점이 있지만 만약 최초 한 번의 로그인이 뚫린다면 연계된 시스템이 모두 공격자에게 노출되는 문제점이 있다. 이에 따라서 OTP, 생체인증 등의 다중 인증(MFA, Multi Factor Authentication)를 도입하여 최초 한 번 로그인의 인증 수준을 대폭 강화하는 방향으로 보안성을 함양하고 있다. 그리고 중요 시스템의 경우는 다시 한번 재인증을 거치도록 처리하는 방식 등으로 편의성과 보안성을 모두 잡기 위한 노력이 계속 진행되고 있다.

IAM

앞서 소개한 SSO에 이어 다음으로 소개할 솔루션은 IAM이다. IAM은 접근제어와 인증에서 매우 중요한 역할을 하기에 반드시 소개할 수밖에 없는 개념이다. IAM(Identity & Access Management)이란 계정을 근간으로 권한을 관리하는 시스템을 의미한다. 여기서 중요한 포인트는 권한을 관리하는 건 맞는데 계정을 중심으로 관리한다는 부분이다. 이 점이 기존의 권한관리 시스템인 EAM(Enterprise Access Management)과 결정적인 차이점이라고 할 수 있다. 처음부터 계정이니 권한이니 EAM이니 알쏭달쏭한 말씀을 드려 송구하다. 하나하나씩 쉽게 설명하도록 하겠다.

먼저 계정이란 무엇이고 계정은 정보보안에서 왜 중요할까? 이전에 설명한 것처럼 보안에서의 핵심은 접근제어라고 할 수 있는데 접근제어는 결국 주체와 객체 사이의 정보흐름을 통제하는 것이다. 그리고 접근제어의 메인은 주체라고 할 수 있는데 이건 결국 계정을 근간으로 수행될 수밖에 없다. 예를 들어 네이버에서 메일을 보내거나 블로그에 글을 쓰려면 일단 아이디와 비밀번호를 쳐서 로그인을 해야만 한다. 일단 계정이 있어야 주체도 존재할 수 있다. 너무도 당연한 사실이지만 이것이 바로 정보보안에서 계정이 중요한 비중을 차지하는 결정적인 이유이다.

계정이 존재한다면 이 계정이 접근할 수 있는 권한 또한 설정할 수 있다. 예를 들어 철수라는 주체가 블로그, 카페, 메일이라는 객체에 접근할 수 있다고 정의할 수 있는 것이다. 필요에 따라서 철수는 블로그에 접근할 수 없도록 차단할 수도 있을 것이다. 이처럼 모든 접근제어는 계정이라는 큰 축을 기반으로 이뤄지며 이러한 접근제어를 체계적으로 관리하는 시스템이 바로 IAM이라고 할 수 있다. IAM은 여러 단계 별 액션을 세세하게 정의할 수 있는 워크플로우(Workflow)와 자동화된 계정 공급이 가능한 프로비저닝(Provisioning) 등 통합관리 시스템으로서 다양한 기능을 지원하고 있다.

앞서 언급한 EAM은 사실 IAM과 거의 비슷한 개념이다. 둘 사이의 차이점으로 여러 의견이 존재하지만 계정에 대한 체계적인 관리가 되느냐 안 되느냐로 둘을 구분하는 것이 가장 명확하다. IAM은 EAM에서 계정관리 기능이 보다 더 체계적으로 완성된 시스템이라고 생각하면 될 것 같다. IAM은 기존의 전통적인 보안 체계에서도 여전히 핵심 시스템으로 동작하고 있지만 최근 클라우드 컴퓨팅의 확산에 따라 클라우드 보안의 뼈대로도 작동되고 있다. 클라우드 또한 결국 계정을 근간으로 자원이 관리되고 사용량이 측정되기 때문이다.

보안은 결국 기본에 충실하는 것이 가장 중요하다. 기술의 발전에 따라 여러 화려한 보안 기술들이 나타나고 사라지고를 반복하겠지만 결국 계정과 권한에 대한 철저한 관리가 접근제어의 가장 큰 축이자 핵심이라고 할 수 있다. 최근에 IAM은 퇴사자 계정과 특권 계정(관리자 계정)에 대한 관리에 주목하여 놓치기 쉬운 보안의 구멍을 막는 역할을 수행하고 있다. 이처럼 IAM은 보안 인프라에서 대단히 중요한 역할을 하며 오늘도 묵묵히 가동되고 있다.

ESM, SIEM

앞서 SSO와 IAM이라는 두 가지 주요 솔루션을 통해 인증과 접근제어의 실제 적용 현황에 대해 간략히 설명하는 자리를 가졌다. 다음으로 소개할 개념은 접근제어에서 또 다른 중요한 축에 해당하는 책임추적성을 담당하는 솔루션이다. 책임추적성을 관리한다는 것은 곧 로그에 대한 관리를 의미한다고도 할 수 있는데 이번 장에서 소개하고자 하는 개념은 바로 ESM과 SIEM이다.

ESM(Enterprise Security Management)과 SIEM(Security Information and Event Management)은 여러 보안 장비의 로그들을 한 군데로 수집하여 통합 관리하는 솔루션을 의미한다. 정보보안 실무에서 ESM과 SIEM은 거의 같은 개념으로 혼용해서 사용되지만 사실은 ESM이 먼저 등장하였으며 여기에서 좀 더 발전하여 SIEM이 나왔다. 둘의 차이점에 대해서는 마지막에 간략히 설명하도록 하겠다.

ESM과 SIEM이 필요한 이유는 조금만 생각해 보면 사실 간단하다. 기업의 정보시스템 내부에는 적게는 수십 개 많게는 수백 개 이상의 보안장비가 존재한다. 서버에서부터 방화벽, VPN, 백신 등 이루 셀 수 없도록 다양하다. 그런데 보안 관리자가 일일이 해당 장비들에 접속해서 로그를 확인하는 것은 상식적으로 생각해 봐도 대단히 비효율적이다. 차라리 모든 장비들이 중앙의 통합 서버로 로그를 보내도록 설정하고 로그는 중앙에서만 일괄적으로 관리할 수 있도록 구성한다면 정말 효율적인 아키텍처라고 할 수 있다. Syslog, SNMP와 같은 여러 프로토콜을 이용하면 각 보안 장비들이 중앙 서버로 로그를 던질 수 있도록 손쉽게 설정이 가능하다. ESM과 SIEM은 바로 이런 컨셉의 솔루션이라고 할 수 있다.

한국의 ISMS(Information Security Management System)와 같은 컴플라이언스에 의하면 중요 보안 로그는 6개월 혹은 1년 동안은 반드시 보관해야 하는 지침이 존재하는 경우가 있다. 그런데 각 보안장비는 용량의 한계 등으로 인해 빠르면 1개월만 지나도 로그가 없어지도록 구성되어 있는 경우가 많다. 따라서 ESM, SIEM을 도입해서 로그를 실시간으로 동기화하여 통합적으로 관리한다면 이와 같은 컴플라이언스 요건 또한 성공적으로 충족할 수 있다. ESM, SIEM은 사실상 대부분의 기업에서 거의 필수적으로 요구되는 보안 솔루션이라고 할 수 있다.

마지막으로 ESM과 SIEM은 도대체 어떤 차이가 있을까? 실무에서는 거의 동일한 의미로 사용되고 있지만 둘은 사실 명확한 차이가 존재한다. 먼저 위에서 설명한 내용은 사실 ESM에 대한 설명이라고 보면 된다. SIEM은 여기에서 조금 더 발전해서 통합된 로그들에 대한 빅데이터 분석을 통해 상관관계를 추출하고 위협 탐지 기능까지 더해진 보다 발전된 솔루션이라고 할 수 있다. 특히 SIEM은 급증하는 APT 공격에 대응하기 위한 목적에서 굉장히 널리 도입되었고 지금도 여전히 중요성은 높다고 할 수 있다. 최근에는 SIEM에서 한층 더 발전하여 보안 사고 발생 시 자동 대응까지 지원되는 SOAR(Security Orchestration, Automation and Response)가 대두하고 있다. 특히 인공지능과 연계된 형태로 점점 발전하고 있는 추세이므로 앞으로는 과연 어떠한 새로운 흐름이 대두할지 벌써부터 설렌다.

위험관리

    다음으로 소개할 엔터프라이즈 보안과 관련된 핵심 주제는 바로 위험 관리이다. 위험관리는 정보보안에서부터 프로젝트 관리에 이르기까지 거의 모든 영역에서 필수적으로 요구되는 중요 활동이다. 위험은 세상 어디에든 존재하며 인간이란 어찌 보면 위험이라는 난관을 뚫고 매일매일 살아가는 존재라고 할 수 있다. 위험에는 어느 정도 예상이 되는 위험도 있는 반면 완전히 예상이 불가능한 위험 또한 존재한다. 하지만 그렇다고 위험을 마냥 방치하고 있을 수는 없다. 위험을 적절히 관리하여 어떤 위험이 오더라도 의연하게 대처할 수 있도록 당당히 맞서야만 한다. 이처럼 위험관리란 위험을 관리하고 위험에 대처하는 모든 활동을 의미한다.

    위험관리는 대단히 방대한 분야이므로 모든 부분을 제대로 설명하려면 밤을 새워도 모자라다. 따라서 여기에서는 정보보안과 관련된 위험관리만 설명하도록 하겠다. 먼저 정보보안에서의 위험관리란 자산에 작용하는 취약점과 위협의 산물인 위험에 대한 분석과 대응이라고 말할 수 있다. 이상한 용어들을 마구 나열하였는데 모두 어렵지 않은 개념이므로 하나하나 천천히 설명하도록 하겠다. 일단 기업의 정보시스템 내부에는 자산(Asset)이라는 것이 존재한다. PC에서부터 서버에 이르기까지 정보시스템과 관련하여 존재하는 모든 사물이 자산이라고 할 수 있다. 그런데 이러한 자산들은 모두 취약점(Vulnerability)을 가지고 있다. 제조 과정에서의 결함이라든지 소프트웨어 개발 오류 등으로 인해 언제든지 해킹이나 오동작 등의 위협(Threat)에 노출될 수 있는 가능성을 가지고 있다.

여기서 바로 위험(Risk)에 대한 공식을 도출할 수 있다. 공식이라고 하면 뭔가 거창할 것 같지만 정말 단순하다. '위험 = 자산 × 취약점 × 위협'이다. 위험이란 결국 자산에 작용하는 취약점과 위협의 산물이라고 할 수 있다. 취약점이나 위협이 전혀 없는 자산은 없기에 모든 자산은 위험을 항상 내포하고 있다고 할 수 있다. 이처럼 정보시스템 내부에 존재하는 모든 자산에 대한 위험을 산정한 후 위험을 최소화하기 위한 대응 활동을 수행하는 것이 바로 위험관리라고 할 수 있다.

그렇다면 위험은 어떻게 산정하고 분석할 수 있을까? 위험분석은 크게 정성적 위험분석과 정량적 위험분석으로 나뉜다. 먼저 정성적 위험분석이란 분석자의 직관이나 경험에 의존한 위험분석이라고 할 수 있다. 전문가들끼리 모여서 예상되는 위험에 대해서 토의한 후 결론을 도출하는 전문가 기법이나 중재자가 존재하여 익명으로 의견을 서로 교환하고 합의에 도달하는 델파이법 등이 정성적 위험분석의 대표적 기법이라고 할 수 있다. 다음으로 정량적 위험분석이란 수학이나 통계학 등을 이용해서 위험을 산정하는 위험분석이라고 할 수 있다. 확률분포법이나 과거자료 분석법 등의 여러 전문적인 기법이 존재한다. 위험분석을 제대로 수행하려면 정성적 위험분석과 정량적 위험분석을 적절히 혼합하여 사용하는 것이 가장 좋다.

마지막으로 이와 같이 분석되고 산정된 위험에 대해서 어떻게 대응할 것인지 결정하는 것이 필요하다. 위험대응은 크게 4가지 형태로 수행할 수 있는데 위험회피, 위험전가, 위험완화, 위험수용이 각각의 형태에 해당된다. 모두 상식적인 수준에서 이해가 가능하다. 먼저 위험회피는 산정된 위험에 대해 파악한 후 해당 자원을 그냥 포기해 버리는 대응을 의미한다. 위험이 존재하는 사업이나 프로젝트를 아예 수행하지 않는 것이 대표적 사례라고 할 수 있다. 다음으로 위험전가는 위험에 대한 책임을 제3자와 공유하는 대응을 의미한다. 보험에 가입하거나 외부 업체와의 계약 등으로 위험을 전가하는 것이 그 사례이다. 다음으로 위험완화는 위험을 수용하되 최대한 리스크를 줄일 수 있도록 노력하는 것을 의미한다. 백업이나 이중화 등을 구성하여 위험에 대응하는 것이 대표적인 사례이다. 마지막으로 위험수용은 말 그대로 아무런 대응을 하지 않고 그대로 위험을 수용하는 것을 의미한다.

위험관리는 정보보안은 물론 프로젝트 관리에서도 적극 수행되는 활동이다. 프로젝트 관리의 바이블에 해당하는 PMBOK의 여러 영역 중 하나로서 위험관리가 존재하고 있다. 따라서 위에서 설명한 내용은 프로젝트 관리에서도 거의 동일하게 적용이 가능하다. 결국 어느 영역에서든 위험을 관리하는 것은 대단히 중요한 활동이라고 할 수 있으며 불확실성과의 싸움은 복잡다단한 현대를 살아가는 우리에게 필수적인 요소라고 할 수 있다.

BCP

앞서 소개한 위험관리는 실제 엔터프라이즈 보안에서 모든 활동의 축이 되는 중요한 과업이라고 할 수 있다. 대부분의 활동에 있어서 위험관리는 필수적으로 요구되지만 특히 기업의 명운을 좌우하는 여러 극단적인 위험들에 대한 관리가 무엇보다도 중요하다고 할 수 있다. 따라서 이번 장과 다음 장에서는 기업에서 가장 중요한 본질적인 목표에 해당하는 업무의 연속성을 보장하기 위한 주요 활동인 BCP와 DRS에 대해 각각 소개하도록 하겠다.

BCP(Business Continuity Planning)란 재난 상황에서도 기업의 업무 연속성을 보장할 수 있도록 관리하는 체계를 의미한다. BCP의 중요성이 부각된 건 2001년에 발생한 911테러가 결정적인 계기가 되었다고 할 수 있다. 세계무역센터 빌딩의 붕괴라는 초유의 재난 상황에서 대다수의 기업들은 업무 불능 상태에 빠졌지만 모건 스탠리(Morgan Stanley)라는 기업은 평소에 BCP 체계가 잘 수립이 되어 있어 발 빠른 대처를 통해 업무의 연속성을 보장할 수 있었다. 사실 지금과 같은 고도 자본주의 사회에서의 거대 기업은 하루라도 업무가 마비된다면 천문학적인 손실을 입게 된다. 따라서 BCP는 기업의 명운을 좌우하는 중요한 관리 요소라고 할 수 있다.

BCP를 수립하기 위한 절차는 여러 단계로 나눌 수 있다. 크게 어렵지 않으며 상식적인 수준에서 모두 이해할 수 있다. 가장 먼저 BCP를 수립하기 위한 기업 내부의 조직을 구성하고 경영진의 지원을 받고 구체적인 계획을 수립해야 한다. BCP가 아무리 중요하다고 하더라도 이를 추진하기 위한 조직과 지원 그리고 계획이 없다면 당연히 시작조차 못할 것이다. 그다음으로 수행하는 절차는 BIA(Business Impact Analysis)인데 BCP에 있어서 가장 핵심적인 활동이라고 말할 수 있다. 영어 뜻 그대로 업무 영향도를 분석하는 활동인데 기업에 존재하는 모든 업무의 연속성을 보장할 수 있다면 가장 좋겠지만 가용 자원은 한정되어 있으므로 각각의 업무 단위로 우선순위를 정하여 선별적인 BCP를 수행하기 위한 분석 활동이라고 할 수 있다. A라는 업무는 가장 중요하므로 무조건 BCP가 보장되어야만 하고 B라는 업무는 그다음으로 중요하며 C라는 업무는 BCP가 필요 없고 등을 식별하고 산정하는 활동이라고 할 수 있다.

BIA를 통해 우선순위가 결정되었다면 이제 각각의 업무 단위로 구체적인 지표를 산정하는 절차를 수행한다. BCP의 지표는 여러 가지가 존재하지만 핵심적인 지표는 RTO(Recovery Time Objective), RPO(Recovery Point Objective) 이렇게 두 개이다. 이름은 뭔가 복잡하지만 어려운 개념은 아니다. 먼저 RTO는 복구 시간 목표로서 예를 들어 RTO가 3시간이라면 3시간 이내에 복구하는 것을 목표로 한다는 의미한다. 다음으로 RPO는 복구 시점 목표로서 예를 들어 RPO가 1시간이라면 재난이 발생한 시점 기준으로 최소 1시간 전 데이터까지는 복구가 되어야만 한다는 의미이다.

구체적인 지표 산정까지 완료되었다면 그다음 단계로는 이를 토대로 BCP 시스템을 구축하는 것이라고 할 수 있다. BCP 시스템 구축에서는 DRS(Disaster Recovery System)라는 재해복구 시스템의 구성이 가장 핵심이라고 할 수 있다. DRS는 대단히 중요한 개념이므로 뒤에서 다시 한번 자세히 다뤄질 예정이지만 간략히 말하자면 서울에 본사가 있는 회사의 경우 본사가 피해를 입는 경우를 대비하여 DRS를 부산에 구성하여 설령 서울이 붕괴되더라도 부산에서 업무를 복구할 수 있도록 구축하는 재해복구 사이트를 의미한다. BCP는 비즈니스적 측면까지 포괄하고 DRS는 기술적인 측면에만 해당하여 둘은 엄연히 다른 개념이지만 BCP의 핵심은 DRS라고 말해도 과언은 아니라서 서로 밀접하게 연관된다고 할 수 있다.

BCP 시스템까지 구축이 완료되었다면 마지막 절차로는 해당 시스템을 운영하고 정기적인 모의훈련을 수행하는 것이다. 평소에 재난이 발생하지 않더라도 주기적으로 시뮬레이션 등의 모의훈련을 수행하여 실제 재난 상황에서 신속히 움직일 수 있도록 만전을 기해야 한다. 최근의 코로나19로 인해 BCP는 다시금 현저히 부각된 바 있다. 911테러와 같은 재난 상황을 넘어 전 세계적인 팬데믹 상황에 봉착하더라도 핵심 업무는 유지되어야 하기에 BCP의 중요성과 관할 범위는 더욱 넓어진다고 할 수 있다.

기술과 문명이 발전할수록 리스크는 더욱 증가하므로 이러한 위험을 적절하게 관리하는 것은 반드시 필요하며 BCP는 이를 위한 대단히 중요한 근간이라고 할 수 있다.

DRS

BCP에 이어 다음으로 소개할 개념은 바로 DRS이다. DRS(Disaster Recovery System)란 전산센터 재해 발생 시 복구를 위한 시스템이라고 할 수 있다. 전산센터의 장애 발생은 곧 업무 마비를 의미할 정도로 기업에서 IT의 비중은 대단히 높다. 따라서 전산센터의 복구를 위한 DRS의 구축은 사실상 필수라고 할 수 있으며 DRS는 앞서 설명한 BCP의 핵심 구성요소라고도 할 수 있다. 참고로 DRS는 한국 금융권의 경우 금융감독원의 지침에 의해 필수로 구축하도록 되어 있다.

그렇다면 DRS는 어떻게 구성할 수 있으며 어떤 구조로 동작되는 걸까? 먼저 DRS의 구축을 위해서는 DR 센터의 위치 선정이 가장 중요하다. DR 센터는 보통 주 전산센터로부터 최소 30km 이상 떨어진 곳에 구성하도록 권고하고 있다. 가령 전산센터가 서울에 위치하는 경우 수원이나 인천에 DR 센터를 구성할 수 있다. 설령 서울이 붕괴되는 상황에 직면하더라도 DR 센터는 영향을 받지 않아야 하기 때문이다. 다음으로 DRS의 복구 시간 목표 또한 대단히 중요하다. 중요 시스템의 경우 일정 시간 내에 복구를 할 수 있어야 의미가 있기 때문이다. 은행의 경우에는 복구 시간 목표를 보통 3시간으로 설정을 하고 있다. 은행 시스템의 경우 워낙 중요하므로 아무리 늦어도 3시간 이내에는 반드시 복구가 되어야 한다.

금융권뿐만이 아니라 모든 기업이 DRS를 구축하면 정말 좋겠지만 그럴 여건이 되지 않거나 그럴 필요가 없는 기업 또한 많이 존재한다. 따라서 업무의 중요도에 따라서 DRS의 구축 수준을 결정하는 것이 필요하다. DRS는 복구 시간 목표에 따라서 크게 4가지 유형으로 분류할 수 있다. Mirror Site, Hot Site, Warm Site, Cold Site가 바로 각각의 유형이라고 할 수 있다. 이름이 굉장히 직관적이고 재미있는데 개념 자체는 크게 어렵지 않다. 먼저 Mirror Site에 대해 설명하자면 이름 그대로 거울과 같이 즉각 복제가 되는 구성이라고 할 수 있다. 주 전산센터에서의 변경이 DR 사이트에 실시간 수준으로 반영되는 구조이다. 수 초나 수 분 이내의 복구를 목표로 하는 경우 Mirror Site를 구성할 수 있으며 잠시의 중단도 허용되지 않는 극도로 중요한 시스템에 적용이 가능하다. 구성을 위해서는 많은 비용이 필요하다.

다음으로 Hot Site는 이름 그대로 활활 타오르고 있는 사이트로서 Mirror Site 수준까지는 아니지만 거의 매시간 단위로 복제가 되는 구성이라고 할 수 있다. 수 시간 이내의 복구를 목표로 하는 경우 Hot Site로 구성이 가능하며 상당히 높은 중요도를 가진 시스템에 적용되는 방식이다. 다음으로 Warm Site는 Hot Site보다는 덜 뜨거우며 수일 단위의 복구를 목표로 하는 경우 구성되는 방식이다. 여러 시스템 중에서도 일부 중요 시스템만 선별하여 복사를 수행하는 것이 가장 큰 특징이라고 할 수 있다. 마지막으로 Cold Site는 차가운 사이트로서 수 주 단위의 복구를 목표로 하는 경우 구성이 가능한 방식이다. 사실상 DRS를 구성하지 않는 것과 마찬가지 수준으로서 혹시나 모를 재해 상황에 대비하여 최소한의 장비 정도만 마련해 놓는 구성 방식을 의미한다.

기술과 문명이 발전할 수록 예상할 수 없는 리스크에 대한 대응이 중요하며 DRS는 정보시스템에 있어서 대단히 중요한 위험 관리 활동이라고 할 수 있다. 재해가 언제든 발생하더라도 회복 가능한 탄력성을 추구하는 사이버 레질리언스(Cyber Resilience)의 확보를 위해 DRS에 대한 각별한 관리가 필요하다.

기업 보안의 미래

드디어 엔터프라이즈 보안 시리즈도 마지막 장에 도달하게 되었다. 굉장히 방대한 기업 보안의 세계에서 중요하고도 핵심이 되는 개념 위주로 열심히 설명하였지만 불가피하게 빠질 수밖에 없었던 여러 이야기들 또한 존재한다. 이는 결코 충족될 수 없는 욕심이기도 하지만 다음에 기회가 된다면 꼭 모두 소개할 수 있는 자리를 마련하도록 앞으로 더욱 열심히 살아야겠다는 다짐을 한다. 아무튼 각설하고 늘 그래왔듯이 마지막 장에 해당하는 이 소중한 자리에서는 앞으로의 미래에 대한 전망으로 아름다운 마무리를 짓고자 한다. 앞으로의 엔터프라이즈 보안의 미래는 어떻게 흘러가게 될까?

가장 먼저 클라우드의 확산을 언급하지 않을 수 없다. 자체 데이터센터를 보유하고 서비스를 운영하는 기업들도 여전히 많겠지만 대부분의 주요 시스템은 구독형 서비스에 해당하는 클라우드로 이전되게 될 것이다. 사실상 클라우드가 메인이 되고 자체 데이터센터는 필요한 경우에만 예외적으로 이용하는 형태가 되는 것이다. 따라서 클라우드 보안의 중요성은 점차 증가할 것이고 이러한 요구사항을 충족시켜줄 수 있는 여러 클라우드 보안 솔루션을 만들어 내는 것에서 많은 기회가 생길 것이다.

　다음으로 언급할 수 있는 부분은 여러 최첨단 기술의 활용을 꼽을 수 있다. 기존에는 여러 보안 이벤트들을 전문가의 직관에 의해 탐지했다면 이제는 빅데이터 그리고 더 나아가 인공지능의 도움으로 탐지의 정확도를 더욱 향상시킬 수 있게 될 것이다. 물론 인공지능이 아무리 발달하더라도 어딘가에는 반드시 구멍은 있을 수밖에 없기에 여전히 사람이 활약할 수 있는 영역은 남게 될 것이다. 그러나 상당히 많은 보안의 여러 업무들은 인공지능에 의해 고도화가 될 것이며 이는 정보보안에 있어서 큰 축복이라고 할 수 있다.

　마지막으로 이야기할 부분은 지극히 당연한 말이기도 하지만 기업에서 정보보안의 위상은 더욱 강화될 것이다. 이는 정보보안 전문가의 중요성이 강화되는 형태이기도 하고 이와 동시에 보안이 일상 업무에 자연스럽게 녹아 드는 방식이라고도 할 수 있다. 가령 프로그램을 개발하고 시스템을 운영하는 두 가지의 핵심 업무가 서로 간의 장벽을 허물고 데브옵스(DevOps)라는 패러다임으로 통합이 된 것처럼 정보보안 또한 이 사이클에 자연스럽게 포함이 되는 것이다. 이는 기업의 모든 구성원이 업무 절차에서 정보보안을 자연스럽게 실행하는 데브섹옵스(DevSecOps) 등과 같은 형태로 발전하여 운용되게 될 것이며 앞으로 가장 주목할 가치가 있는 부분이기도 하다.

IT의 여러 분야 중 멋지고 훌륭하지 않은 것은 없다만, 그중에서도 정보보안은 참으로 꽃과 같이 아름답고도 빛나는 분야임은 분명하다. 그리고 정보보안의 영역 중에서도 엔터프라이즈 보안은 여러 모험가들과 고수들이 뛰어들기에 충분히 재미있고도 가치 있는 분야이며 앞으로 더욱 그렇게 될 것이라고 확신한다. 아무쪼록 여러 훌륭한 인재들이 엔터프라이즈 보안의 세상에서 멋진 모험을 펼치고 각자의 아름다운 꽃들을 화려하게 피울 수 있기를 진심으로 소망한다.

═══════════════ **자료 출처** ═══════════════

▶ 암호 - 1. 고대 암호

https://ko.wikipedia.org/wiki/신성문자
https://en.wikipedia.org/wiki/History_of_cryptography
https://en.wikipedia.org/wiki/Herodotus

▶ 암호 - 2. 시저 암호

https://en.wikipedia.org/wiki/Caesar_cipher
https://en.wikipedia.org/wiki/Assassination_of_Julius_Caesar#/media/File:Karl_Theodor_von_Piloty_Murder_of_Caesar_1865.jpg

▶ 암호 - 3. 스키테일 암호

https://en.wikipedia.org/wiki/Scytale

▶ 암호 - 4. 암호 분석(1)

https://en.wikipedia.org/wiki/Al-Kindi
The Code Book. The Secret History of Codes and Code-Breaking. Simon Singh 1999

▶ 암호 - 5. 암호 분석(2)

https://en.wikipedia.org/wiki/Frequency_analysis

▶ 암호 - 6. 알베르티 암호, 트리테미우스 암호

https://en.wikipedia.org/wiki/Alberti_cipher
https://en.wikipedia.org/wiki/Tabula_recta

https://en.wikipedia.org/wiki/Leon_Battista_Alberti

▶ 암호 - 7. 비즈네르 암호

https://en.wikipedia.org/wiki/Vigen%C3%A8re_cipher

▶ 암호 - 8. 찰스 배비지

https://en.wikipedia.org/wiki/Charles_Babbage
https://en.wikipedia.org/wiki/Industrial_Revolution

▶ 암호 - 9. 커크호프 원칙

https://en.wikipedia.org/wiki/Auguste_Kerckhoffs
https://en.wikipedia.org/wiki/Kerckhoffs%27s_principle

▶ 암호 - 10. 에니그마

https://en.wikipedia.org/wiki/Enigma_machine
https://en.wikipedia.org/wiki/Colossus_computer

▶ 암호 - 11. 앨런 튜링

https://en.wikipedia.org/wiki/Alan_Turing
https://ko.wikipedia.org/wiki/%ED%8A%9C%EB%A7%81_%EA%B8%B0%EA%B3%84
https://amturing.acm.org

▶ 암호 - 12. 클로드 섀넌

https://en.wikipedia.org/wiki/Claude_Shannon

▶ 암호 - 13. 대칭키 알고리즘과 비대칭키 알고리즘

https://en.wikipedia.org/wiki/Data_Encryption_Standar

https://news.stanford.edu/2016/03/01/turing-hellman-diffie-030116

▶ 암호 - 14. 양자 컴퓨팅

https://conference.etnews.com/conf_info.html?uid=128

https://ko.wikipedia.org/wiki/%EC%96%91%EC%9E%90_%EC%BB%B4%ED%93%
A8%ED%84%B0

▶ 암호 - 15. 암호의 미래

https://en.wikipedia.org/wiki/Homomorphic_encryption

▶ 악성코드 - 1. 악성코드의 기원

https://en.wikipedia.org/wiki/John_von_Neumann

https://en.wikipedia.org/wiki/File:JohnvonNeumann-LosAlamos.gif

Unless otherwise indicated, this information has been authored by an employee or employees of the Los Alamos National Security, LLC (LANS), operator of the Los Alamos National Laboratory under Contract No. DE-AC52-06NA25396 with the U.S. Department of Energy. The U.S. Government has rights to use, reproduce, and distribute this information. The public may copy and use this information without charge, provided that this Notice and any statement of authorship are reproduced on all copies. Neither the Government nor LANS makes any warranty, express or implied, or assumes any liability or responsibility for the use of this information.

▶ 악성코드 - 2. 크리퍼 웜

https://dscomputerstudies1112.weebly.com/most-peculiar-computer-viruses-in-history.html

▶ 악성코드 - 3. 브레인 바이러스

https://en.wikipedia.org/wiki/Brain_(computer_virus)

▶ 악성코드 - 4. 트로이 목마

https://en.wikipedia.org/wiki/Trojan_Horse

▶ 악성코드 - 5. 모리스 웜

https://en.wikipedia.org/wiki/Morris_worm

https://en.wikipedia.org/wiki/Robert_Tappan_Morris

▶ 악성코드 - 6. 백도어, 루트킷

https://en.wikipedia.org/wiki/Unix

▶ 악성코드 - 7. 애드웨어, 스파이웨어

https://en.wikipedia.org/wiki/Google_Ads

▶ 악성코드 - 8. 제로데이 공격

https://en.wikipedia.org/wiki/Microsoft_Windows

▶ 악성코드 - 9. 스턱스넷

https://en.wikipedia.org/wiki/Stuxnet

▶ 악성코드 - 10. 랜섬웨어

http://biz.newdaily.co.kr/site/data/html/2021/08/05/2021080500053.html

https://en.wikipedia.org/wiki/WannaCry_ransomware_attack

▶ 악성코드 - 11. 안티 바이러스(1)

https://en.m.wikipedia.org/wiki/Antivirus_software

https://en.wikipedia.org/wiki/McAfee

▶ 악성코드 - 12. 안티 바이러스(2)

https://www.wired.com/2009/11/1110fred-cohen-first-computer-virus

https://en.m.wikipedia.org/wiki/Antivirus_software

▶ 악성코드 - 13. 악성코드의 미래

https://en.wikipedia.org/wiki/Self-driving_car

▶ 해킹 - 1. 해커

https://en.wikipedia.org/wiki/Hacker#cite_note-Skillings,_CNET,_2020-5

https://en.wikipedia.org/wiki/PDP-1

https://en.wikipedia.org/wiki/Alan_Turing

▶ 해킹 - 2. 해커 문화

https://en.wikipedia.org/wiki/Spacewar!

https://en.wikipedia.org/wiki/Imagine_(John_Lennon_song)

▶ 해킹 - 3. 리처드 스톨먼

https://en.wikipedia.org/wiki/Richard_Stallman

https://ko.wikipedia.org/wiki/%EB%A6%AC%EC%B2%98%EB%93%9C_%EC%8A%A4%ED%86%A8%EB%A8%BC

https://en.wikipedia.org/wiki/Free_Software_Foundation

https://en.wikipedia.org/wiki/Copyleft

▶ 해킹 - 4. 리누스 토발즈

https://en.wikipedia.org/wiki/Linus_Torvalds

https://en.wikipedia.org/wiki/Linux

http://wiki.hash.kr/index.php/%ED%95%B4%EC%BB%A4

▶ 해킹 - 5. 케빈 미트닉

https://en.m.wikipedia.org/wiki/Kevin_Mitnick

https://www.geekwire.com/2015/led-computer-whiz-tsutomu-shimomura-
neofocal-raises-9m-smart-led-technology

▶ 해킹 - 6. CIA

https://blogs.ucl.ac.uk/infosec/2017/08/18/cia-triad/

▶ 해킹 - 7. 스니핑

https://en.wikipedia.org/wiki/Internet_Control_Message_Protocol

▶ 해킹 - 8. 스푸핑(1)

https://en.wikipedia.org/wiki/IP_address_spoofing

▶ 해킹 - 9. 스푸핑(2)

https://en.wikipedia.org/wiki/ARP_spoofing

▶ 해킹 - 10. DoS 공격, DDoS 공격(1)

https://en.wikipedia.org/wiki/Denial-of-service_attack

▶ 해킹 - 11. DoS 공격, DDoS 공격(2)

https://en.wikipedia.org/wiki/Slowloris_(computer_security)

▶ 해킹 - 12. APT 공격

https://ko.wikipedia.org/wiki/%EC%A7%80%EB%8A%A5%ED%98%95_%EC%A7%
80%EC%86%8D_%EA%B3%B5%EA%B2%A9

▶ 해킹 - 13. 핵티비즘, 어나니머스

https://en.wikipedia.org/wiki/Anonymous_(hacker_group)

https://en.wikipedia.org/wiki/WikiLeaks

▶ 해킹 - 14. 버그 바운티

https://en.wikipedia.org/wiki/Bug_bounty_program

▶ 해킹 - 15. 해킹의 미래

https://en.wikipedia.org/wiki/Artificial_intelligence

▶ 네트워크 보안 - 1. 아파넷

https://en.m.wikipedia.org/wiki/ARPANET

▶ 네트워크 보안 - 2. 월드 와이드 웹

https://en.wikipedia.org/wiki/Tim_Berners-Lee

http://info.cern.cn

https://en.wikipedia.org/wiki/World_Wide_Web_Consortium

▶ 네트워크 보안 - 3. 방화벽

https://en.wikipedia.org/wiki/Firewall_(computing)

▶ 네트워크 보안 - 4. IDS, IPS

https://computersciencewiki.org/index.php/OSI_model

▶ 네트워크 보안 - 5. 망분리

https://en.wikipedia.org/wiki/Intranet

▶ 네트워크 보안 - 6. VPN

https://ko.wikipedia.org/wiki/%EA%B0%80%EC%83%81%EC%82%AC%EC%84%A4%EB%A7%9D

▶ 네트워크 보안 - 7. SSL/TLS

https://en.wikipedia.org/wiki/Netscape

▶ 네트워크 보안 - 8. OSI 7계층(1)

https://en.wikipedia.org/wiki/OSI_model

▶ 네트워크 보안 - 9. OSI 7계층(2)

https://en.wikipedia.org/wiki/OSI_model

▶ 네트워크 보안 - 10. 제로 트러스트

https://en.wikipedia.org/wiki/Software-defined_perimeter

▶ 네트워크 보안 - 11. 다크웹

https://en.wikipedia.org/wiki/Tor_(network)

▶ 네트워크 보안 - 12. 양자암호통신

https://ko.wikipedia.org/wiki/%EB%B2%A0%EB%A5%B4%EB%84%88_%ED%95%98%EC%9D%B4%EC%A0%A0%EB%B2%A0%EB%A5%B4%ED%81%AC

포텐의
정보보안 카페

ⓒ 이수현(포텐 리), 2022

초판 1쇄 발행 2022년 4월 28일

지은이   이수현(포텐 리)
펴낸이   이기봉
편집   좋은땅 편집팀
펴낸곳   도서출판 좋은땅
주소   서울특별시 마포구 양화로12길 26 지월드빌딩 (서교동 395-7)
전화   02)374-8616~7
팩스   02)374-8614
이메일   gworldbook@naver.com
홈페이지 www.g-world.co.kr

ISBN   979-11-388-0890-3 (03000)

- 가격은 뒤표지에 있습니다.
- 이 책은 저작권법에 의하여 보호를 받는 저작물이므로 무단 전재와 복제를 금합니다.
- 파본은 구입하신 서점에서 교환해 드립니다.